Hundeglück

Beste Freunde für immer

*Herausgegeben von
Aleksia Sidney*

Oktopus

Für den Blick hinter die Verlagskulissen:
www.oktopusverlag.ch/newsletter

Ein Oktopus Buch bei Kampa

Copyright © 2024 by Kampa Verlag AG, Zürich
www.oktopusverlag.ch
Covergestaltung und Satz: Lara Flues, Kampa Verlag
Covermotiv: © Paul Thurlby
Gesetzt aus der Stempel Garamond LT / 240130
Druck und Bindung: Friedrich Pustet, Regensburg
ISBN 978 3 311 30075 5

Inhalt

Elke Heidenreich	*Nurejews Hund* 7
Walter Emanuel	*Ein Hundetag oder Der Engel des Hauses* 28
Hans Fallada	*Gigi und Lumpi* 39
Virginia Woolf	*Flush* 47
Richard Beer-Hofmann	*Alcidor* 59
Christa Winsloe	*Bitte nicht stören!* 70
J. V. Widmann	*Gletschertour mit Hund* 72
Elizabeth von Arnim	*Alle meine Hunde* 84
Erich Mühsam	*Tante Paula* 107
Maurice Maeterlinck	*Über den Tod eines kleinen Hundes* 111
Anton Tschechow	*Kaschtanka* 129
Anton Kuh	*Der Hund als Stammgast* 162
Elke Heidenreich	*Hund* 165
Kurt Tucholsky	*Traktat über den Hund, sowie über Lerm und Geräusch* 167

Nachweis 187

Elke Heidenreich
Nurejews Hund

Als der weltberühmte Tänzer und spätere Choreograph Rudolf Nurejew 1993 in Paris starb, hinterließ er außer Antiquitäten einen Hund namens Oblomow. Es war, wie der literarisch Gebildete unter den Lesern unschwer errät, ein besonders träger Hund. Auf relativ kurzen Beinen und sehr breiten Pfoten trug er einen schweren Leib in den Farben Schmutzig-Weiß, Beige und Verwaschen-Schwarz, seine Augen tränten, seine kräftigen Krallen waren zu lang und kratzten auf Parkettboden, seine Ohren hingen trostlos neben dem melancholischen Gesicht. So elegant, geschmeidig und durchtrainiert Rudolf Nurejew selbst in späteren Jahren und noch zu Beginn seiner tödlichen Krankheit war, so unelegant, übergewichtig und schwerfällig war Oblomow, der Hund. Wie sich besonders schöne und attraktive Menschen instinktiv mit unscheinbaren Freunden umgeben, damit ihr eigener Glanz nicht Schaden nimmt, so hatte sich Rudolf Nurejew, der Weltmeister der Schwerelosigkeit, ausgerechnet diesen kurzatmigen, plumpen Hund ausgesucht, der ergeben neben ihm schlurfte, während sein Herr geradezu flog, tanzte, durchs Leben glitt.

Ausgesucht? Er hatte sich diesen Hund keineswegs

ausgesucht, dieser Hund war eines Tages einfach in sein Leben getreten. Jemand, der immer auf Reisen, immer auf Tournee ist, reißt sich nicht gerade um die ständige Verantwortung für einen Hund.

Rudolf Nurejew war in New York zu einer Party des Schriftstellers Truman Capote eingeladen. Truman lag, als Nurejew die Wohnung betrat, unbeachtet von den Gästen betrunken auf dem Boden und trank mit einem hässlichen, dicken Hund aus einer kostbaren Silberschüssel etwas, das wie Champagner aussah. Beide sahen nicht besonders glücklich aus. Spät in der Nacht, schon fast am Morgen, als alle Gäste gegangen waren, lag Truman, nun schlafend, immer noch auf dem Boden. Nurejew saß in einem Sessel und hörte Musik, der Hund lag auf dem Diwan und sah Nurejew unverwandt aus seinen tränenden Augen an. Natürlich dachte er, das sei Trumans Hund. Er sprach mit ihm, zunächst englisch, aber der Hund rührte sich nicht. Er sprach französisch – nicht einmal ein Schwanzwedeln. Dann sprach er leise ein paar russische Wörter. Da sprang der Hund vom Bett, setzte sich vor Nurejew und hob eine seiner dicken Pfoten. Der Tänzer war gerührt und streichelte den großen Kopf. Dann schlief er im Sessel ein und wurde erst wach, als die Sonne hell ins Zimmer schien.

Truman Capote saß in einem Morgenmantel aus weinroter Seide verkatert und misslaunig am Tisch und trank Kaffee. Zu seinen Füßen lag der unförmige Hund und knabberte an einem Muffin. »Guten Morgen«, sagte Capote, »ich habe dir angesehen, was du geträumt hast.«

Nurejew lachte, stand auf und reckte sich. »Dann erzähl es mir«, sagte er, »ich habe es nämlich schon wieder vergessen, aber ich weiß noch, dass es etwas Angenehmes war.«

Er setzte sich an den Tisch und zeigte auf den Hund.

»Seit wann hast du dieses hübsche Tier?«

»Ich?«, sagte Capote und verschluckte sich fast. »Das ist doch dein Hund.«

»Mein Hund?«

»Ja, mir gehört er jedenfalls nicht.« Der Schriftsteller sah den Hund geradezu angewidert an. »Fett und hässlich bin ich selbst«, sagte er, »da brauche ich nicht noch einen fetten hässlichen Hund.«

»Streckfus«, sagte Nurejew leicht verärgert, denn Streckfus war der eigentliche Name des Schriftstellers, »Streckfus, veralber mich nicht. Als ich gestern Abend zu deiner Party kam, lagst du mit diesem Hund schon auf dem Boden. Ihr habt zusammen aus der Schüssel da gesoffen.«

Truman Capote wischte sich angewidert mit der Serviette den Mund ab und sah sehr entsetzt aus. »Was habe ich?«, sagte er, und dann, müde, melancholisch: »Na ja. Kann schon sein. Ich bin in letzter Zeit etwas exzentrisch.«

»In letzter Zeit«, lachte Nurejew, und er zitierte, was der deutsche Schriftsteller Heinrich Böll über Capote gesagt hatte: »In der Welt Truman Capotes ist nur Platz für Kinder, Asoziale, Irre, doch wer den Ritterschlag erhalten will, muss mindestens der leichten Spinnerei verdächtig oder Großmutter sein.«

»Böll?«, fragte Capote. »Was weiß denn der. Aber immerhin hat er nichts von Hunden gesagt.«

Rudolf Nurejew fragte: »Wie heißt der Hund?«

»Wie soll ich das wissen«, sagte Truman Capote, »es ist doch dein Hund. Und du hast ihn mir nicht vorgestellt.«

»Es ist nicht mein Hund«, sagte Nurejew. »Er war hier, als ich kam.«

Capote dachte nach und kratzte sich an seinem kugelrunden, in jungen Jahren so schön gewesenen Kopf. »Wer hat das Biest denn mitgebracht und dann einfach hiergelassen?«, fragte er. Nurejew zuckte die Achseln. »Wen hast du denn alles eingeladen?«, fragte er, und Capote seufzte: »Wenn ich das wüsste … einer, den man einlädt, bringt ja immer drei mit, die man nicht kennt.«

»Aber es lässt doch niemand einfach einen Hund da.«

»Anscheinend doch.«

»Hattest du nicht früher auch Hunde?«, fragte Rudolf Nurejew, und Capote sah traurig in die Ferne. »Möpse«, sagte er, »zwei wunderbare Möpse, sie hießen Maggie und Charlie. Ich habe sie über alles geliebt.«

»Na siehst du«, sagte Nurejew.

»Was sehe ich?«, funkelte Truman Capote böse. »Ich sehe gar nichts. Ich sehe einen Hund, der so scheußlich ist wie ich und den ich nicht kenne.«

Nurejew beugte sich zu dem Hund und fragte auf Russisch: »Kak savusch?« Wie heißt du?

Der Hund kam zu ihm geschlurft, legte seinen Kopf in Nurejews Hand, seufzte tief und plumpste dann auf die Füße des Tänzers, wo er unverzüglich einschlief.

»Da haben wir es«, triumphierte Truman Capote, »natürlich ist es dein Hund, das sieht man doch.«

»Er ist träge«, sagte Nurejew, »das gefällt mir. Er ist ein Oblomow.«

»Er ist scheußlich«, sagte Capote, »nimm ihn mit, deinen Hund, ich will ihn nicht länger in der Wohnung haben. Er riecht streng, und er schmatzt.«

Rudolf Nurejew konnte noch so oft versichern, dass es nicht sein Hund war – es half nichts. Als er am späten Vormittag und nach einem üppigen Frühstück den Schriftsteller verließ, trabte der Hund einfach hinter ihm her auf den Flur und ins Treppenhaus, und dann fuhr er mit ihm im Fahrstuhl nach unten. Oben schloss Capote dreimal die Wohnungstür hinter den beiden zu.

Das war im Frühjahr 1984. Zu dieser Zeit hatte Truman Capote noch ein halbes Jahr zu leben, Rudolf Nurejew noch achteinhalb Jahre und Oblomow, der Hund, noch ganze fünfzehn Jahre. Bis zu Nurejews Tod wohnte er bei ihm, mal in New York, mal in Paris, und wenn der Tänzer unterwegs war, sorgten Freunde für das plumpe, freundliche, träge Tier, das meistens auf einem Brokatkissen lag und schlief. Wenn Nurejew zu Hause war, begleitete Oblomow seinen Herrn natürlich überallhin, vor allem zum täglichen Training in den Ballettsaal mit den riesigen Spiegeln, dem glatten Boden und der *barre*. Dort lag dann das Brokatkissen neben dem Klavier, und wenn Monsieur Valentin spielte und Rudolf Nurejew sich an der Stange bog und drehte oder mit seinen Schülern oder dem Corps de Ballet der Pariser Oper neue Tanzschritte erprobte, lag Oblomow schläfrig auf seinem Lager, schaute durch fast geschlossene Augen dem Treiben zu und seufzte ab und zu tief. Er verstand inzwischen viel vom Tanz, wenn er auch nicht recht begriffen, weshalb Lebewesen sich der Tortur unterzogen, mit beiden Beinen gleichzeitig in der Luft zu sein und dabei noch die Arme graziös emporzurecken, *ailes de pigeon, en avant et en arrière*. Wozu das alles? Der Boden erbebte leicht, und Oblomow spürte den Rhythmus des Klaviers und der tanzenden Füße und nahm ihn zufrieden grunzend in sich auf.

Un, deux, trois, allez! Nurejew sprang in die Luft, die Beine fest und gerade aneinandergeschmiegt, die Arme gestreckt, *assemblé soutenu,* und seine Partnerin kam ihm in einem *grand jeté en tournant* entgegengeflogen, der rechte Fuß stand auf der Spitze, der linke war mit 90 Grad nach hinten gestreckt, die Arme schienen Flügel zu sein, und Oblomow spürte tief in seinem Inneren unter dem dreifarbigen Fell, was Sehnsucht ist, was Romantik und Schönheit. Es machte ihn glücklich. Nachts träumte er mitunter von acht Ballerinen in aprikosenfarbenen Tutus, die gemeinsam *pas emboités* tanzten, eine Serie voreinander geschachtelter Schritte in die jeweils fünfte Position, o ja, Oblomow kannte sich aus, er hatte schon viel gesehen und konnte einen *entrechat quatre* durchaus von einem *entrechat six* unterscheiden, bei dem die gestreckten Füße dreimal statt nur zweimal beim Sprung in der Luft gekreuzt werden.

Was er hier sah und erlebte, war etwas anderes als das, was er in seinem früheren Leben, von dem niemand etwas wusste, gesehen hatte. Bei zwei jungen Männern hatte er gelebt, die abends Frauenkleider anzogen, mächtige Perücken aufsetzten und ihn in eine verrauchte Bar mitnahmen, wo sie vor anderen Männern scheußliche Lieder sangen. Oblomow hatte damals noch Garçon geheißen, denn wenn die beiden jungen Männer eine ihrer zahlreichen Partys gaben, hatten sie ihm eine Fliege umgebunden und ihn als Hausdiener vorgestellt. Oblomow hatte das keineswegs amüsant gefunden, er hatte es sogar, ehrlich gesagt, abscheulich und unter seiner Würde gefunden, den Hausdiener geben zu müssen. Bei Rudolf Nurejew, das spürte er sofort, war er in eine ganz andere Umgebung geraten, die Kultur und Schönheit bedeutete, auch wenn es ebenfalls oft rauschende Partynächte gab. Die beiden jungen Männer hatten ihn damals einfach bei Truman Capote zurückgelassen, oder vielleicht war er auch nur eingeschlafen und hatte nicht gemerkt, dass sie gingen – so genau konnte er sich nicht mehr erinnern.

Das Leben bei seinem neuen Herrn gefiel Oblomow ungemein, und er liebte es, Nurejew zuzusehen, wenn auch dessen Sprungkraft nicht mehr so groß war wie in den früheren Jahren. Oblomow, der seine ideale Balance nur durch maximale Trägheit erreichte, konnte sich nicht sattsehen an den kraftvollen Sprüngen, die Schwerelosigkeit des Tänzers schien ihm ein Wunder, und wenn sein Herr die Position *écarté de face* einnahm, schräg gegenüber von Oblomow in seiner Ecke beim Klavier, dann vibrierte sein Herz vor Liebe, und die Augen wurden ihm feucht. Denn es erfüllten sich ihm Träume und Ahnungen und Vorstellungen von großer, erhebender Kunst, die schon immer in ihm geschlummert hatten.

Aber Rudolf Nurejew litt an einer Krankheit zum Tode. Als er immer schwächer wurde, wich Oblomow nicht von seinem Lager. Viele Stunden lag Nurejew im Halbdunkel auf seinem Diwan, neben ihm auf dem Brokatkissen Oblomow, und Nurejew erzählte von seiner Kindheit in Ufa, der verbotenen Stadt, von seiner Mutter, von seinen ersten Tanzversuchen vor verletzten russischen Soldaten, barfuß, auf Asphalt. Oblomow hörte zu und traute sich kaum zu atmen, so lieblich klangen ihm diese leisen russischen Geschichten. Freunde des Tänzers kamen und versorgten ihn, denn trotz seines Kummers nahm sein Appetit nicht ab, und er mochte das Haus nur noch für das Allernötigste verlassen. Und als Nurejew gestorben war, fand man den trauernden Hund auf einem der Orientteppiche nahe dem Bett mit den vielen Seidenkissen. Er hatte die dicken Pfoten dicht vor die entzündeten Augen gelegt, so als wolle er nicht zeigen, dass er geweint hatte.

Natürlich hatte Nurejew von seinem Liebling Abschied genommen, ehe er ins American Hospital verlegt wurde, wo er im Januar 1993 starb, und natürlich hatte er für ihn gesorgt und sich einen Menschen ausgesucht, der sich nach seinem Tod um das Tier kümmern sollte. Dieser Mensch war Olga Piroshkowa, eine Ballerina, die nie in der ersten Reihe getanzt hatte, aber ein Leben lang ein dem Tanz treu ergebenes Mitglied zuerst der Leningrader, dann der Pariser Oper gewesen war. Sie bewunderte Nurejew. Sie betete ihn an. Und sie kochte ihm, als er krank war, täglich kräftige Suppen, die sie ihm in einem blausilbernen Warmhaltetopf brachte. Sie fütterte ihn teelöffelweise mit der guten Rindfleisch- oder Hühnerbrühe – das Fleisch bekam Oblomow –, und wenn Nurejew erschöpft einschlief, hüllte sich die Piroshkowa in ihren großen schwarzen Samtschal mit den langen Fransen über ihrem tiefroten Wollmantel und ging mit Oblomow die kastanienbewachsene Allee entlang, bis der Hund sich entleert hatte und an der Leine zog, weil er wieder nach Hause zu seinem Herrn und den weichen Teppichen wollte.

Und oft erzählte sie ihm dann von dem wilden, ungebärdigen Tatarenjungen aus Ufa, der sich in den Westen abgesetzt, aber immer an seine Kollegen vom Leningrader Ballett gedacht hatte. Auch für sie hatte er eines Tages eine Ausreisegenehmigung erwirkt, nie würde sie ihm das vergessen. »Er ist ein guter Mensch«, flüsterte sie, »auch wenn man das manchmal nicht sieht. Ich weiß es. Wer so schön ist, muss gut sein.« Und Oblomow seufzte vor tiefstem Einverständnis.

Olga Piroshkowa also legte der sterbende Nurejew seinen Hund ans russisch-besorgte Herz. Er hatte in seinem Testament vermerkt, dass der alte Gläserschrank mit den kostbaren Biedermeiergläsern sowie zwei usbekische, sehr wertvolle Teppiche, die Sammlung seltener Schallplatten und eine größere Summe Bargeld in den Besitz der Piroshkowa übergehen sollte, verbunden mit der Bitte, sich um Oblomow bis zu dessen letztem Atemzug liebevoll zu kümmern.

Die Piroshkowa nahm das Erbe dankbar an. Sie erwirkte, dass Oblomow, der einzige Hinterbliebene aus Nurejews unmittelbarer Umgebung, während der Trauerzeremonie mit in die Kirche durfte, und er lag stumm, nur hin und wieder tief seufzend zu ihren

Füßen und störte niemanden. Im Gegenteil, viele der aus aller Welt angereisten Tänzer, Regisseure, Dirigenten, Choreographen, viele der Künstler und Journalisten und der Bewunderer, Fans und Freunde streichelten über Oblomows großen Kopf und sagten leise: »Ach, du armer Hund!«, oder: »Nun bist du ganz allein!«

Auch die beiden jungen Männer, zu denen er einmal gehört hatte, waren gekommen. Sie trugen auffällige Samtjacken und übertriebene Spitzenjabots, aber wenigstens keine Frauenkleider, und sie sangen auch nicht. Sie weinten. Sie erkannten nicht einmal ihren Hund, der nun auch neun Jahre älter und erheblich korpulenter geworden war, und Oblomow hütete sich, sich zu erkennen zu geben und sie gar schwanzwedelnd zu begrüßen. Er sehnte sich nicht danach, wieder in zugigen Kneipen auf der Bühne zu liegen und unsägliche Lieder zu hören, er sehnte sich nach einem ruhigen, stillen Lebensabend bei Olga Piroshkowa. Und trotzdem dachte er mit einem Anflug von Bitterkeit: »Was für miese Burschen! Lassen mich einfach bei einem betrunkenen Schriftsteller zurück und kennen mich später nicht einmal mehr. Dabei habe ich in ihrem Bett geschlafen.«

Aber dann gab er doch insgeheim zu, dass er nicht ganz unschuldig war – er hatte sich damals zusammen mit Truman Capote durchaus am Champagner betrunken und nicht einmal gemerkt, dass seine beiden sonderbaren Herrchen in Frauenkleidern ohne ihn aufgebrochen waren. Nun ja. Er kuschelte sich an die Piroshkowa, steckte seinen Kopf zwischen die Pfoten und lauschte den bewegenden Reden und der Musik von Dmitri Schostakowitsch.

Er war kein armer Hund, und er war keineswegs ganz allein auf der Welt. Er hatte ja die Piroshkowa, in deren Appartement am Bois de Boulogne er nun einzog. Seine mit rotem Samt eingefassten Decken, sein schwarzes thailändisches Körbchen, sein Brokatkissen, sein weiches Halsband aus Kalbsleder, das ihm Bianca Jagger einmal geschenkt hatte, seine Fress- und Wassernäpfe aus bestem Sèvresporzellan mit leuchtendem Blumendekor von Falconet, ein Geschenk von Andy Warhol, der ihm besonders gefallen hatte und von dem er sich sogar einmal fotografieren ließ, das alles kam mit und vermittelte ihm ein Gefühl von Heimat in seiner tiefen Traurigkeit. Olga Piroshkowa liebte den Hund, wie sie Nurejew geliebt hatte. Sie versorgte ihn gut, ließ ihn vor ihrem Bett schlafen, und wenn sie die wunderbaren alten Schallplatten mit den Divertissements von Rameau, Gluck oder Gounod auflegte, zu denen Rudolf Nurejew so oft getanzt hatte, dann hatten sie beide Tränen in den Augen. Dann und wann ging Olga Piroshkowa in den Trainingssaal der Oper und übte mit den Ballettelevinnen. Dann lag Oblomow wieder neben dem Klavier bei Monsieur Valentin, sah zu, hörte zu, spürte den Fußboden beben, und ein namenloses Sehnen zog durch seine Brust und brach manchmal in einem kurzen, markerschütternden Geheul aus ihm heraus, das alle Tänzer erstarren ließ. Auch Monsieur Valentin hielt dann inne, nahm die langen weißen Hände von den Tasten, bückte sich, kraulte Oblomow hinter den Ohren und sagte: »Ah, mon pauvre petit chien, il n'est pas disparu, il est toujours entre nous«, mein Armer, er ist nicht wirklich weg, er ist immer hier bei uns, und Oblomow spürte, dass daran etwas Wahres war.

Die Piroshkowa lebte ein zurückgezogenes Leben. Sie war über sechzig, ihre besten Jahre waren längst vorbei, und sie hatte ohnehin nie so ausschweifend gelebt, solche opulenten Feste gefeiert, Bankette gegeben, so viele Freunde so großzügig bewirtet, wie das bei Rudolf Nurejew der Fall gewesen war. Ihr Leben war leise, diszipliniert, ein kleines Ritual, aber Oblomow, auch in die Jahre gekommen, fühlte sich, wenn er ganz ehrlich war, dabei wohler als bei den lauten, wilden Gelagen damals in Nurejews Wohnung, bei denen ihm schöne junge Männer Champagner in seinen Trinknapf gegossen und ihn mit Kaviarbrötchen gefüttert hatten.

Zu Olga Piroshkowa kam die große Welt nicht. Aber zu ihr kamen junge und alte Exilrussen, Tänzer, Schriftsteller, ein Maler, eine Pianistin. Dann wurde diskutiert, Musik gehört, es gab ein kleines Essen, man lachte und weinte, sprach ausschließlich Russisch, was Oblomow sehr gut verstand, es klang ihm immer als die schönste Sprache von allen, ja, fast wie Musik, und er fühlte sich in dieser Gesellschaft sehr wohl. Ein alter Schriftsteller schaute ihn einmal an, streichelte ihn und sagte: »Ich sehe dir an, dass du alles verstehst.« Und Oblomow dachte an Truman Capote, der zu Nurejew gesagt hatte: »Ich habe dir angesehen, was du geträumt hast.« Oblomow hatte es auch gesehen: Nurejew hatte von seiner Mutter geträumt, die er in Ufa zurückgelassen und die er sehr geliebt hatte. Jahre später schrieb der Schriftsteller eine Geschichte über einen Hund, der Russisch verstand. Sie erschien in einem kleinen Exilverlag, aber man weiß nicht, ob sie außer dem Verleger, der auch der Lektor war, je irgendein Mensch gelesen hat.

Oblomow wollte jetzt, da er alt wurde, seine Ruhe haben, und die hatte er bei der Piroshkowa, die zeitig zu Bett ging. Aber er konnte nicht besonders gut und lange schlafen, weil ihm zu viele Geschichten durch den dicken Kopf gingen. Darum wurden ihm die Nächte doch manchmal etwas lang, und er schlurfte durch die nur angelehnte Tür auf den kleinen Balkon und sah nachts um halb drei durch das Gitter der Veranda hinunter auf die stille Straße vorm Bois de Boulogne. Und eines Nachts ertappte er sich zu seinem Erstaunen dabei, wie er plötzlich die Vorderpfoten zierlich kreuzte und einen kleinen Sprung wagte – fast eine *révoltade*, eine äußerst komplizierte Variation aus Spielbein und Sprungbein. Er schnaufte heftig. Langsam hob er seinen Hinterleib und stellte sich auf die Spitzen der Hinterpfoten – ein beinahe perfektes *relevé* war ihm da gelungen, und er legte noch einen Schritt drauf, einen ganz kleinen, eigentlich nur angedeuteten *frappé*, ein leichtes Fersenanschlagen, Spielbein gegen Standbein. Dann stand er verwundert still und horchte in sich hinein. Was war denn das? Konnte er, wollte er etwa tanzen, in seinem Alter, bei seiner Leibesfülle? Trieb ihn Sehnsucht nach seinem Herrn, Erinnerung, oder hatte er ästhetische Bedürfnisse? Er wusste es nicht. Er wusste nur, dass es ihn reizte, auszuprobieren, was er so oft gesehen, wovon er so oft geträumt hatte. *Jeté! Plié!* Oblomow fügte, wie er es tausendmal beobachtet hatte, eine kleine Serie *demi-pliés* an, um die Muskeln zu lockern und die Balance zu halten, und dann wagte er sich an die erste Position: die Füße werden nach außen gedreht, Fersen aneinander, und so muss es eine gerade Linie sein. Oblomow gelang das perfekt. Die zweite Position – beide Füße in gerader Linie mit einem Schrittabstand zwischen den Fersen – machte ihm auch keinerlei Mühe. Sein Herz klopfte, er war sehr aufgeregt und bereute, nicht schon früher mal einige Tanzschritte erprobt zu haben. Aber er kam rasch außer Atem und beschloss, es nicht zu übertreiben und weitere Positionen in der nächsten Nacht zu versuchen. Er atmete die würzige Nachtluft tief ein und trollte sich wieder auf seine Decke, ließ sich schwer fallen und sank in einen Traum, in dem dralle böhmische Mädchen zu Musik von Dvořák erotische Tänze tanzten.

Am nächsten Tag wunderte sich Olga Piroshkowa darüber, dass der Hund gleichermaßen erschöpft und nervös wirkte. Er schnaufte schwer beim Treppensteigen, er mochte nicht spazieren gehen, aber in der Wohnung lief er unruhig auf und ab, und es schien ihr, als setzte er die Pfoten anders als sonst – nicht so breitbeinig, sondern zierlicher, als würde das schwere Tier versuchen, leichter zu gehen, und sie war beunruhigt und doch auch sehr gerührt. Sie beschloss, Oblomow im Auge zu behalten.

In der Nacht erhob er sich wieder von seinem Lager und ging mit kratzenden Schritten über das Parkett auf den Balkon. Die Piroshkowa hatte meistens einen leichten Schlaf. Sie war zudem von ein paar Sorgen belastet, denn sie hatte eine südindische Tanztruppe nach Paris eingeladen und war sich nicht sicher, ob die Pariser wirklich die religiösen Tanzdramen der Brahmanen sehen wollten und ob sich das ganze Unternehmen rentieren würde. Sie erwachte und sah, wie Oblomow auf den Balkon schlich. Wie erstaunte sie, als der Hund plötzlich, den Kopf zur Stabilisierung des Gleichgewichts gegen das Gitter gepresst, die beiden Vorderpfoten in die dritte Position stellte – parallel in entgegengesetzte Richtungen zeigend, die Fersen aneinandergeschmiegt. Natürlich konnte das ein Zufall sein, eine seltsame Haltung, unwillkürlich eingenommen, aber auch die vierte Position stimmte, und dann die komplizierte fünfte, aus der heraus der Hund plötzlich mit völlig unvermuteter Leichtigkeit in die Höhe sprang und *assemblé simple* versuchte. Dann stand er still. Olga Piroshkowa hielt den Atem an und hörte ihn schwer schnaufen. Oblomow blickte lange hinab auf die Straße, und dann versuchte er, sich auf die Hinterpfoten zu stellen und die Vorderpfoten *en haut* über den Kopf zu halten, so graziös wie möglich, aber er hielt das nicht lange durch und stand bald wieder auf allen vieren. Sie war bis ins Herz gerührt. Es bestand für sie kein Zweifel: Nurejews Hund übte heimlich Tanzschritte, und sie konnte es kaum fassen. Wie sollte sie sich verhalten? Sollte sie das Tier loben, ihm zeigen, dass sie sein Geheimnis kannte, oder sollte sie still das Schauspiel genießen und sich gar nicht anmerken lassen, dass sie etwas wusste? Sie entschied sich zunächst für Letzteres, konnte aber lange nicht einschlafen vor Aufregung und konnte es sich nicht versagen, wie zufällig ihre Hand aus dem Bett hängen und über

Oblomows Kopf gleiten zu lassen, sanft, lobend, als der schwer atmende Hund längst wieder auf seiner Decke vor ihrem Bett lag und träumte, dass in schöne Trachten gekleidete Männer kraftvoll den Gopak, einen aus der Ukraine stammenden Nationaltanz im 2/4-Takt, tanzten.

Die Piroshkowa beobachtete die nächtlichen Versuche Oblomows, elegante Tanzschritte zu wagen, nun öfter. Er machte Fortschritte. Sie hätte gern ab und zu eingegriffen und ein wenig geholfen, korrigiert, gefordert und gefördert, aber sie hütete sich davor, denn sie fürchtete, das Tier würde erschrocken darauf reagieren und nie mehr tanzen, wenn es sich entdeckt und beobachtet fühlte. Aber es drängte sie natürlich, ihre unerhörte Beobachtung mitzuteilen: Nurejews Hund tanzt! Was für eine Sensation! Sie dachte sogar daran, Fotos davon an alle großen Blätter zu verkaufen, eine Titelgeschichte in den Tanzjournalen wäre das allemal wert, und sie könnte es sich teuer bezahlen lassen – allzu üppig war das Konto der Piroshkowa nicht, auch Nurejews Geld schmolz dahin. Sie würde ja alle Einnahmen durchaus mit Oblomow teilen, ihm eine neue Kaschmirdecke kaufen, das beste Fleisch für ihn kochen, Basmatireis als Beilage reichen statt des einfachen amerikanischen Langkornreises. Dennoch sprach sie mit niemandem, auch nicht mit Oblomow.

Es fiel ihr schwer, den russischen Freunden nichts davon zu erzählen. Sie war so stolz auf Oblomow! Und sie malte sich aus, wie die Freunde ihr nicht glauben würden, wie sie Oblomow dann bitten und wie er für sie tanzen würde – welche Freude hätten sie daran! Und sie träumte davon, mit Oblomow zu reisen, sie sah Plakate an den großen Häusern dieser Welt: »Heute Abend: Nurejews Hund tanzt!« Vielleicht würde sie sogar in Leningrad, ihrer Heimat, mit ihm auftreten können, das jetzt endlich wieder St. Petersburg heißen durfte. Ja, sie würde eine Choreographie entwickeln für diesen tanzenden Hund, nein, noch besser: für einen alten Hund und eine alte Tänzerin, *La belle et la bête*, und gemeinsam würde man auf der Bühne stehen und … so träumte sie. Aber sie ließ es bei den Träumen, sie erzählte nichts. Doch einmal lud sie die Pianistin, mit der sie befreundet war, allein zu einem späten Abendessen ein und bat sie, auch ihren Fotoapparat mitzubringen – es gäbe vielleicht eine Überraschung. Die Pianistin kam, man aß und trank, hörte Milhauds *L'homme et son désir* und hatte einen schönen Abend miteinander. Der Mond schien über dem Bois de Boulogne, und auf dem Balkon lag Oblomow, die Schnauze ans Gitter gedrückt, und sah hinab auf die abendlich belebte Straße oder döste. »Was ist mit der Überraschung?«, fragte die Pianistin kurz vorm Aufbrechen, und Olga Piroshkowa hob bedauernd die schönen Hände, lächelte und sagte: »Es hat leider nicht geklappt. Vielleicht ein andermal, bis dahin darf ich dir nichts verraten.« Die beiden Frauen küssten sich auf die Wangen, verabschiedeten sich, und während Olga Piroshkowa die Gläser und Teller und die leere Weinflasche in die kleine Küche räumte, sah sie immer wieder zu Oblomow, der auf dem Balkon lag und sich nicht rührte. Es war ein milder Sommerabend. Olga führte den Hund noch einmal aus, dann legten sich beide zum Schlafen nieder.

In dieser Nacht geschah nichts, und in der nächsten Nacht lag ein kleiner Fotoapparat in Olga Piroshkowas Reichweite neben dem Kopfkissen. Wenn Oblomow wieder tanzte, würde sie versuchen, ein Foto davon zu machen.

Und wirklich, gegen vier Uhr, als es bereits hell wurde und die ersten Vögel zwitscherten, stand das große, unförmige Tier draußen am Balkongitter und übte eine kleine *arabesque* mit weit zurückgestrecktem linkem Hinterbein. Olga Piroshkowa nahm vorsichtig den Fotoapparat auf und schaute durch die Linse. In diesem Moment drehte der Hund sich um und sah sie mit einem so traurigen Ausdruck an, dass sie das Gefühl hatte, ihn verraten zu haben wie Orpheus seine Eurydike, als er sie aus der Unterwelt befreite und dann für immer durch seine Neugier verlor. Der Hund stand da, sah sie an, sie ließ den Fotoapparat sinken, flüsterte: »Pardon, mon cher!«, und Oblomow trottete ins Zimmer und legte sich, weit entfernt von ihrem Bett, auf den kleinen usbekischen Teppich unter ihrem Schreibsekretär.

In dieser Nacht schliefen sie beide schlecht. Die Piroshkowa träumte von einem totalen Desaster mit der südindischen Tanztruppe, die in Wahrheit zwei Wochen später einen großen Erfolg haben und der Piroshkowa einiges Geld einbringen sollte, und Oblomow träumte von Männern mit Dolchen, die im wilden 6/8-Takt die Lesginka aus Daghestan tanzten.

In den nächsten Tagen gingen beide äußerst vorsichtig miteinander um, die alternde Ballerina und der Hund des weltberühmten toten Tänzers. Sie wusste nicht, ob sie das nächtliche Geschehen ansprechen sollte, er wusste nicht, ob sie ihn wirklich durchschaut und beobachtet hatte. Er tanzte einige Tage nicht oder nur dann, wenn er fest davon überzeugt war, dass Olga Piroshkowa tief schlief, er hörte es an ihrem Atem. Dann übte er schwierige Sprünge und entzückende kleine Pirouetten, landete aber immer plump auf allen vier Pfoten statt auf zweien oder gar auf nur einer.

Am 17. März 1998 wäre Rudolf Gametowitsch Nurejew sechzig Jahre alt geworden. Oblomow lebte nun schon fünf Jahre bei Olga Piroshkowa, und er fühlte sich immer öfter alt und müde. Aber immer noch übte er ab und zu Tanzschritte, und er hatte das Gefühl, seine Gelenke blieben dadurch gesund und sein Herz jung. An diesem Tag im Frühling, es war schon warm, die Forsythien blühten, schmuggelte die Piroshkowa Oblomow auf den russischen Friedhof von Sainte-Geneviève-de-Bois zum Grab Nurejews, wo Hunde natürlich verboten sind. Sie hatte einen großen Strauß weißer Rosen dabei und legte ihn auf dem Grab ab. Lange stand sie still da, mit gefalteten Händen, und Oblomow lag neben ihr, den schweren Kopf auf den Pfoten, schaute auf das Grab und träumte.

Weit und breit war kein Mensch zu sehen. Da beugte sich Olga Piroshkowa zu ihm hinunter, streichelte ihn sanft und flüsterte: »Mily Oblomow, ty potjesch pupliaschy tolka dlia jewo«, Oblomow, mein Lieber – tanz einmal. Nur für ihn. Zum ersten Mal hatte sie mit ihm russisch und nicht französisch gesprochen! Er war tief gerührt.

Oblomows Nase zitterte, seine Flanken bebten. Er verstand genau, was sie meinte. Er sollte sein Geheimnis offenbaren, mit ihr teilen, einmal tanzen, für Nurejew, seinen früheren Herrn, der hier lag und den sie beide geliebt hatten. Der Hund erhob sich langsam, schüttelte sich, verharrte. Er hob seinen Kopf und sah zu Olga Piroshkowa hoch, die ihn sanft anlächelte. Sie würde ihn nicht verraten, das wusste er. Und er ging ein wenig zurück, nahm einen kleinen Anlauf, und dann legte Oblomow, der schwere, nun fast sechzehnjährige Hund des weltberühmten Tänzers Rudolf Nurejew, eine tadellose *cabriole* mit geschlossenen Hinterbeinen, hochgestreckten Vorderbeinen, einen Flug über das Grab mit tadelloser Landung auf dem zitternden Standbein hin. Er landete mitten in den weißen Rosen. Und die Piroshkowa sah ihn an, hatte Tränen in den Augen und flüsterte: »Une cabriole, merveilleux, wie stolz wäre er auf dich, mon cher.«

Und dann gingen sie heim, beschwingt, glücklich, einander tief verbunden, und auf dem Treppenabsatz vor der Tür zu ihrem Appartement leistete sich Oblomow einen völlig überraschenden *soubresaut,* einen komplizierten Senkrechtsprung aus der fünften Position mit perfekter Landung. Danach hat Oblomow bis ans Ende seines Hundelebens nie wieder getanzt, und die Piroshkowa hat nie ein Wort über ihr gemeinsames Geheimnis verloren, kein französisches und kein russisches.

Als der Hund mit fast siebzehn Jahren die Augen für immer schloss, ging die Piroshkowa mit der in eine

Kaschmirdecke gewickelten Hundeleiche des Nachts auf den Friedhof, auf dem auch Nurejew lag.

Ein junger Mann vom Ballett begleitete sie, der eine Schaufel trug. Er grub zu Füßen Nurejews ein tiefes Loch in das Grab. Die Piroshkowa, den schweren Oblomow auf ihren dünnen Ärmchen, schauderte. Sie hatte Angst, dass ihr toter Freund »Au!« oder »Was tut ihr da?« rufen würde, doch nichts geschah. Alles blieb still, der Mond schien sehr friedlich, und der junge Mann und die Piroshkowa legten den toten Hund zu Füßen des toten Tänzers vorsichtig in das Grab. Der junge Mann schaufelte das Loch wieder zu, und sie verließen den Friedhof.

Das Grab ist natürlich eine Art Wallfahrtsstätte für Tanzenthusiasten aus aller Welt geworden. Sie wissen nicht, dass sie mit ihrem Besuch dort zwei großen Tanzlegenden huldigen, dem unvergleichlichen Nurejew und Oblomow, seinem Hund.

Walter Emanuel

Ein Hundetag
oder
Der Engel des Hauses

Für W. W. Jacobs
denn ihm hat es gefallen

Beim Aufwachen fühle mich nicht recht auf der Höhe. Mein Schlaf wurde heute Nacht nämlich gestört. Kaum genug Energie, um mich zu strecken und zu recken. In den frühen Morgenstunden stieg ein fremder Mann mit einer großen Tasche sehr leise durchs Küchenfenster hinein. Ich wedelte mit dem Schwanz. Er war nett zu mir, ich war nett zu ihm. Er reichte mir ein Stück Fleisch, an das ich allein nicht rangekommen wäre. Während ich damit beschäftigt war, packte er eine ganze Menge silberner Sachen in seine Tasche. Und dann, als er gerade schon wieder verschwinden wollte, latscht mir dieser Grobian – ich gehe inzwischen davon aus, dass es ein Unfall war – doch tatsächlich auf die Pfote. Der Schmerz ließ mich aufjaulen. Ich biss kräftig zu, er ließ die Tasche fallen und huschte, wieder durchs Fenster, auf und davon. Mein Jaulen weckte schnell das ganze Haus, und nur Augenblicke später polterten der alte Mr Brown und der junge Mr Brown nach unten. Sofort entdeckten sie die silbergefüllte Tasche. Sie erklärten mich zum Retter des ganzen Hauses, und veranstalteten einen unendlichen Wirbel um mich. Ich bin ein Held. Dann kam auch Miss Brown hinunter und kraulte und küsste mich und band mir ein pinkes Band um den Hals, das mich aussehen ließ wie ein Idiot. Der Sinn von solchen Bändern erschließt sich mir nicht. Sie schmecken absolut fürchterlich.

8.30 Uhr
Frühstück mühsam heruntergewürgt. Habe keinen Appetit.

8.35 Uhr
Frühstück von den Kätzchen gegessen.

8.36 Uhr
Streit mit der Katze (der Mutter der Kätzchen). Ziehe mich aber schnell zurück, denn das feige Stück kämpft nicht fair. Sie setzt ihre Krallen ein.

9.00 Uhr
Werde von Mary gewaschen. Höchst unerfreuliche Angelegenheit. Steckt mich in die Wanne und schrubbt, quer übers Gesicht, am Schwanz und überall – mit abscheulichem Seifenwasser. Und die fiese Katze schaut zu und grinst höhnisch auf ihre typisch verschlagene Art. Warum dieses Wesen so eingebildet ist, ist mir ein Rätsel. Sie muss sich selbst waschen. Ich habe eine Dienerin, die das für mich erledigt. Und doch wünsche ich mir oft, ein

schwarzer Hund zu sein. Dann bliebe ich so viel länger sauber. Selbst Fingerabdrücke sieht man in meinem weißen Fell sofort. Ich sehe fürchterlich aus, nachdem der Koch mich gestreichelt hat.

9.30 Uhr
Präsentiere mein glänzend reines Selbst der Familie. Alle sind ausgesprochen nett zu mir. Ein triumphaler Auftritt, muss ich sagen. Wie viel Respekt mir wegen diesem nächtlichen Zwischenfall gezollt wird, ist einfach wunderbar. Miss Brown (die ich sehr gern mag) ist besonders hingerissen. Sie küsst mich wieder und wieder und nennt mich ein »liebes, sauberes, mutiges, duftendes kleines Hündchen«.

9.40 Uhr
Schlüpfe nach draußen, während ein Besucher an der Haustür empfangen wird, und genieße die herrlichste Kugelei im Matsch. Fühle mich wieder mehr wie ich selbst.

9.45 Uhr
Schaue wieder bei der Familie vorbei. Schreckensschreie, als sie mich in meinem Matschmantel erblicken. Aber alle sind sich einig, dass ich heute nicht ausgeschimpft werden sollte, weil ich ein Held bin (wegen dem Mann!). Alle außer Tante Brown, die immer irgendwelche Gründe findet, gegen mich zu wettern. Und die Katze über den grünen Klee lobt. Unnötigerweise bezeichnet sie mich als »grausigen Genossen«.

9.50 Uhr
Ein genialer Einfall! Ich rase nach oben und wälze mich kreuz und quer über das Bett vom alten Hausmädchen. Gott sei Dank ist der Matsch noch feucht!

10.00 Uhr bis 10.15 Uhr
Wedle mit dem Schwanz.

10.16 Uhr
Laufe hinunter in die Küche. Während der Koch dem Regiment beim Vorbeimarschieren zuschaut, spiele ich mit ein paar Koteletts und schnappe mir von jedem einen großen Happen. Der Koch, der vom Anblick der ganzen Soldaten ganz aufgewühlt ist, merkt nichts und brät die Koteletts einfach weiter.

10.20 bis 13.00 Uhr
Döse.

13.00 Uhr
Verspeise mein Mittagessen.

13.15 Uhr
Verspeise das Mittagessen der Kätzchen.

13.20 Uhr
Das Biest hat mich schon wieder angegriffen. Sie zerkratzte mein Hinterbein, woraufhin ich mich weigerte weiterzukämpfen. Muss später daran denken, mich an den Kätzchen zu rächen.

13.25 Uhr
Gehe nach oben ins Esszimmer. Die Familie sitzt noch bei Tisch. Der junge Mr Brown wirft ein Brotgeschoss nach mir und trifft mich an der Schnauze. Welch Beleidigung! Ich schlucke sie aber herunter. Dann schlendere ich zu Miss Brown und schaue sie mit großen, flehenden Augen an. Und ich behalte recht: Meine Augen *sind* unwiderstehlich. Miss Brown gibt mir einen Bissen von ihrem Nachtisch ab. Tante Brown weist sie zurecht. Woraufhin Miss Brown ihr todesmutig erklärt, sie solle sich um ihre eigenen Angelegenheiten kümmern. Ich bewundere dieses Mädchen mehr und mehr.

13.30 Uhr
Ein Glücksfall. Eine ganze Schale voll Fisch in Mayonnaise wurde im Flur fallengelassen. Stürze mich darauf, bevor man auch nur »Pieps« sagen kann.

13.32 Uhr
Unerklärliche Bauchschmerzen.

13.33 Uhr
Schmerzen werden schlimmer.

13.34 Uhr
Eine üble Übelkeit.

13.35 Uhr
Eile in Tante Browns Schlafzimmer, um mich dort zu übergeben.

13.37 Uhr
Schon besser. Ich denke, ich habe Überlebenschancen, wenn ich es langsam angehen lasse.

13.40 Uhr
Fast wieder alles in Ordnung.

13.41 Uhr
Fühle mich wieder pudelwohl. Gott sei Dank! Das war eine knappe Angelegenheit. Die Leute sollten solches Zeug wirklich nicht einfach so herumliegen lassen.

13.42 Uhr
Wieder im Esszimmer. Um allen zu zeigen, wie gut es mir geht, rase ich in Höchstgeschwindigkeit rund um den Tisch, ungefähr zwanzig Mal. Mein Schwanz dient dabei als Steuer. Dann das große Finale: Mit einem Satz springe ich dem alten Mr. Brown, der friedlich in seinem Sessel schläft, irgendwo in die Schoßgegend. Äußerst wütend wacht er auf, und benutzt Wörter, die ich noch nie gehört habe. Zu meiner nicht unwesentlichen Überraschung sagt selbst Miss Brown, das sei sehr ungezogen von mir gewesen. Der alte Mr Brown besteht darauf, mich zu bestrafen: Miss Brown soll mir Schläge zu erteilen. Sie bringt zu meiner Verteidigung noch einmal den Einbrecher auf den Tisch. Aber es nützt nichts. Der alte Mr Brown ist keiner respektablen Gefühle fähig!

Also schlägt mich Miss Brown. Äußerst angenehm. Der reinste Genuss. Fast wie gestreichelt zu werden. Aber natürlich winsele ich und täusche Schmerzen vor und führe diese traurige Nummer mit den Augen auf. Sie lässt rasch von mir ab, nimmt mich mit nach nebenan und gibt mir sechs Zuckerwürfel. Sehr gutes Geschäft. Muss ich öfter machen. Sie gibt mir noch einen Kuss und erklärt, dass ich den armen Pa nicht hätte anspringen dürfen. Er sei doch derjenige ist, der Tag für Tag in der Stadt meine Knochen verdiene. Ist vielleicht was dran. Ein nettes Mädchen.

14.00 bis 15.15 Uhr
Versuche, den Pelzvorleger im Hinterzimmer zu erlegen. Ohne Erfolg.

15.15 bis 15.45 Uhr
Schmolle.

15.46 Uhr
Kleiner Junge kommt herein und streichelt mich. Schnappe nach ihm. Ich gebe mich doch nicht für jedes dahergelaufene Gör als Spielzeug her!

15.47 bis 16.00 Uhr
Neuer Versuch, den Vorleger zu überwältigen. Hätte es diesmal auch geschafft, wäre nicht die abscheuliche Tante Brown hereingekommen und hätte mich davon abgehalten. Ich schweige, werfe ihr aber einen Blick zu, der besagt: »Eines Tages blüht dir dasselbe Schicksal.« Ich glaube, sie versteht, was ich meine.

16.00 bis 17.15 Uhr
Schlafe.

17.15 Uhr
Von einem schlimmen Anfall von Hautausschlag geweckt.

17.20 bis 17.30 Uhr
Schlafe weiter.

17.30 bis 18 Uhr
Starre den Kanarienvogel gierig an und jage ihm so Angst und Schrecken ein.

18.00 Uhr
Besuch bei den Küchenleuten. Kaue ein paar Knochen ab.

18.15 Uhr
Habe einem der Kätzchen vor der Küche aufgelauert. Die anderen kleinen Feiglinge ergreifen die Flucht.

18.20 Uhr
Endlich ein Lichtblick: Helfe einer Maus, der Katze zu entwischen.

18.30 Uhr
Oben im Salon. Die Schlafzimmertür der alten Mrs Brown steht einladend weit offen. Ich gehe hinein. Hier war ich noch nie drin. Lohnt sich aber kaum. Verspeise ein paar Blumen von einem Hut. Widerlich.

Dann in Miss Browns Zimmer. Als ich hereinkomme, ist es sehr ordentlich und aufgeräumt. Entdecke dort eine Schachtel mit der Aufschrift *Schokoladenkonfekt höchster Qualität*. Nicht übel. Ein hübsches Zimmer.

19.00 Uhr
Esse mein Abendessen zwar, aber ohne viel Genuss. Seltsamerweise kein Appetit heute.

19.15 Uhr
Habe das Abendessen der Kätzchen verspeist. Wünschte jedoch, sie bekämen nicht immer den ewig gleichen Fisch. Er hängt mir zum Hals raus.

19.16 Uhr
Im Garten. Der Fisch kommt mir jetzt wirklich wieder zum Hals raus.

19.25 Uhr
Fieses Gefühl der Mattigkeit überkommt mich. Verspüre keinerlei Antrieb, entschließe mich also, es ruhig angehen zu lassen und lege mich in der Küche neben das Feuer. Manchmal denke ich, ich bin nicht mehr der Hund, der ich einst war.

20.00 Uhr
Hurra, mein Appetit ist wieder da.

20.01 Uhr
Der Hunger bringt mich noch um.

20.02 Uhr
Gönne mir eins der besten Stücke Kohle, die ich je hatte.

20.05 Uhr
Schnuppere auf dem Küchenboden herum, finde ein Stückchen Zwiebel, einen Kamm aus nachgemachtem Schildpatt, einen fürchterlich trockenen Kanten Brot und rund einen halben Meter Faden. Abgesehen von der Kohle schmeckt der Faden am besten. Der Familie ist auch schon aufgefallen, wie viel ich davon an mich nehme. Kürzlich hatte der junge Mr Brown die gar nicht dumme Idee, dass ich, wo ich doch immer ein Stück Faden aus dem Mund hängen habe, doch als Zahnseidespender dienen könnte. Natürlich ist das kein Thema für Scherze, aber es brachte mich trotzdem zum Lachen.

20.30 Uhr
Wer sich auf andere verlässt, läuft Gefahr zu verhungern. Aber glücklicherweise stolpere ich im Flur über einen Kuchen mit Zuckersirup und zögere nicht lange. Ich lecke den Sirup auf und lasse den Rest für die Familie übrig.

20.40 Uhr
Wieder unten in der Küche. Sitze am Feuer und täusche vor, den Geschmack von Zuckersirup nicht zu kennen. Aber die schreckliche Katze ist hier, und ich glaube, sie durchschaut mich. Immer wieder starrt sie mich mit ihrem hasserfüllt arroganten Blick an. Zum Teufel mit ihr, was bildet sie sich eigentlich ein? Sie ist nicht mal

halb so groß wie ich und zahlt keine Steuern. Zum Teufel mit ihrer Selbstgefälligkeit. Ihr Anblick macht mich wütend – und als sie mir den Rücken zuwendet, stürze ich mich auf sie und beiße zu. Das listige, feige Tier wedelt mit dem Schanz, gibt vor, sich an dem Spiel zu erfreuen. Also beiße ich noch einmal zu, und sie wirbelt herum und schlägt mir hinterhältig die Krallen in die Pfote – bis aufs Blut! Ich heule auf vor Schmerz, was Miss Brown auf den Plan ruft. Sie gibt mir einen Kuss und schimpft die Katze aus (*Ich* hätte sie ja umgebracht!), gibt mir ein bisschen Zucker und wickelt meine Pfote in einen Brotumschlag. Bei Gott, dieses Mädchen liebt mich wirklich!

21.00 Uhr
Verspeise den Brotumschlag.

21.15 Uhr
Werde langsam müde.

21.15 bis 22 Uhr
Döse.

22.00 Uhr
Werde zur Hundehütte geleitet.

22.15 Uhr
Licht aus. So endet ein weiterer ganz schön fader Tag.

Hans Fallada
Gigi und Lumpi

Solange Gigi zurückdenken kann, wohnen sie in der Siedlung »Eigene Scholle«. Mutti und Pappi – und Gigi dazu – haben dort eine Parzelle, tausend Quadratmeer groß, eine Laube und seit letztem Herbst Anschluss an die Wasserleitung. Dass sie das mit der Wasserleitung im eigenen Garten geschafft haben, daran ist Mutti schuld, sie hilft Pappi beim Verdienen: Aufwartung, Flicken und Stopfen, Neubauten saubermachen, Briketts in die Keller packen, alles, was ihr vorkommt. Mutti sagt nie Nein.

Seit Gigi fünf Jahre alt ist, geht das so mit der Arbeit, und seitdem besorgt sie auch das Haus. Mutti kocht morgens das Essen an, Gigi macht es fertig. Gigi wäscht ab, Gigi jätet Unkraut, Gigi putzt Pappis Schuhe. Ihr sehnlichster Wunsch ist, dass sie erst so groß ist, an die Nähmaschine zu reichen, dann könnte sie Mutti »richtig« helfen. Jeden Sonntag muss Papa Gigi messen, es geht sehr langsam mit dem Wachsen.

Aber es geht doch vorwärts, jetzt ist Gigi sechs Jahre alt und seit Ostern in der Schule. »Gisela Kößling«, sagt sie. »Parzelle 375«, sagt sie. »Packer«, sagt sie. »Einundzwanzigsten Januar neunzehnhundertsechsundzwanzig in Neukölln«, sagt sie.

Es ist herrlich in der Schule. Den ganzen Winter hat sie einsam auf der Parzelle gehaust, das nächste bewohnte Grundstück ist 381. Dort wohnt Herr Krupschert. Aber Herr Krupschert ist alt und dumm, findet Gisela, er war den ganzen Winter keine Unterhaltung für sie.

Jetzt hat sie Unterhaltung durch die Schule, aber sie hat auch Sorgen: Allein auf der Parzelle 375 bleibt Lumpi zurück, ihr Hundchen, ihr Freund. Sie kann ja den Lumpi so lange nicht freilassen, Lumpi ist unverständig, immer macht er im Garten Schaden. Sie muss ihn in der Laube einsperren. Schwer ist für Lumpi, was für Gigi schön ist: der Vormittag.

Eines Tages kommt Gigi von der Schule nach Hause, schon von weitem hört sie Lumpi in der Laube weinen.

»Hörst Du das?«, sagt Herr Krupschert böse zu Gigi. »Das ist eine Gemeinheit!«

Herr Krupschert ist ein alter Mann mit einem gelblich-weißen Bart, von seinem ganzen Rentnervermögen ist ihm nur die Parzelle 381 und eine Sozialrente geblieben. Gigi verachtet Herrn Krupschert, sie findet ihn dumm, weil er nicht einmal seinen Garten bestellt, sondern ihn wüst liegenlässt. Aber Herr Krupschert hat dafür keine Zeit, er muss ausrechnen, von wann an die Inflation böswillig verschuldet ist und bis wann sie gewissermaßen ein Naturereignis war. Wenn Herr Krupschert das ausgerechnet hat, wird er Herrn Reichsbankdirektor Schacht verklagen. Herr Krupschert rechnet schon manches Jahr, es ist sehr schwierig, er wird noch lange rechnen müssen. Aber dann gewinnt er den Prozess, und alle verarmten Leute werden wieder reich.

Muss man so angestrengt rechnen, kann ein durch drei Stunden kläffender, weinender Hund sehr stören. Darum fragt er Gigi so böse, ob sie den Hund nicht auch bellen hört?

»Lumpi ist nicht gerne allein, Herr Krupschert«, sagt Gigi.

»Und ich soll das anhören?!«, sagt Herr Krupschert böse.

»Wenn ich deine Töle erwische, schlage ich ihr einen über den Deetz. Dass du es nur weißt!«

Gigi steht da und sieht Herrn Krupschert nach. Dass manche Menschen böse sind, weiß sie schon sehr lange, weiß sie schon, seitdem ein Stromer ihr die Hand aufgebrochen und ihr die Mark Einholgeld fortgenommen hat. Also Herr Krupschert ist nicht nur dumm, er ist auch böse.

Gigi denkt den ganzen Tag und Abend nach. Mutti fragt, was los ist, aber sie sagt Mutti nichts, beileibe nichts, Mutti hat schon so genug Sorgen. Solange Lumpi in der Laube ist, entscheidet schließlich Gigi, ist er sicher. Das weiß sie bestimmt, dass keiner eine fremde Laube aufbrechen darf. Jeden Morgen schließt sie Lumpi sehr gut ein, und wenn sie Herrn Krupschert sieht, läuft sie weg.

Aber eines Morgens ist ihr Lumpi ausgebimst, tobt im Garten, lässt sich mit nichts in die Laube locken. Gigi muss in die Schule, sie hat einen Begriff von Pünktlichkeit; wenn Papi mit dem Halbachtuhrzug kommt, muss das Essen fertig sein – daher weiß sie von Pünktlichkeit.

Gigi geht zur Schule, sie denkt ununterbrochen nach,

um sie herum tanzt Lumpi Freudentänze. Was ihr Sorge macht, bereitet ihm große Freude. Nirgendwo kann sie Lumpi abgeben oder einsperren, er könnte ausreißen, und dann haut ihm Herr Krupschert einen über den Deetz.

Gigi nimmt Lumpi mit in die Schule, es bleibt nichts, sie nimmt ihn mit ins Klassenzimmer. Oh, welch Hallo unter den Kindern! Herr Wendel ist noch nicht da, alle Kinder tanzen um Gigi und Lumpi. Lumpi ist ganz verschüchtert und will auf Gigis Arm. So kann ihn Gigi schnell, als Herr Wendel kommt, unter die Bank stecken, neben ihren kleinen Schulranzen. Immer wenn Herr Wendel mal wegsieht, legt sie eine Hand auf seinen Kopf.

Und Lumpi scheint sich ausgetanzt zu haben, oder er hat Furcht, er liegt mäuschenstill, nur einmal macht er einen Schnapper nach einer Fliege, und Herr Wendel fragt sehr laut: »Wie?!«

Die Klasse lacht, und Herr Wendel versteht heute seine Klasse nicht, sie ist des Teufels, keines hört ein Wort von dem, was er sagt. Aber Herr Wendel ist sechsundfünfzig und hat einen Bauch; sicher hat er schon zweitausend Kinder gehabt. Er weiß, man muss Kindern Zeit lassen. Er weiß auch, ein Baum wächst noch viel langsamer. Man darf nichts überweilen, nie heftig werden, weiß Herr Wendel.

Die Stunde ist vorbei, und in der Pause wird es schlimm für Lumpi. Die Jungens sind schrecklich frech, und die Mädchen wollen alle von ihm Küsschen haben, er hat eine kleine schwarze Affenschnauze und eine süße, flinke rosa Zunge.

Plötzlich steht Herr Wendel mitten in der Klasse und fragt furchtbar ernst: »Wessen ist der Hund?«

Es ist eine ungeheure Stille, Gigi will den Mund auftun, da ärgert den Lumpi wohl der dicke Mann, er fährt an gegen ihn mit einem Gejachter.

»Dir, Gisela?«, fragt Herr Wendel und ist sehr böse. »Sofort bringst du den Hund auf die Straße!«

Gigi nimmt ihren Lumpi, sie hat ein sehr rotes Gesicht, aber sie sagt keinen Ton. Auf dem Flur schluchzt sie ein bisschen, und als sie die Schulhaustür zwischen sich und Lumpi zumacht, schluchzt sie noch mehr. Nun läuft Lumpi zur Laube, und da kommt Herr Krupschert und gibt dem Lumpi einen über den Deetz.

Also, die Schulstunde geht weiter, es wird eine richtige, gewöhnliche Schulstunde. Die Kinder fangen an, auf Herrn Wendel zu hören, und nur Gigi denkt noch an Lumpi.

Da scharrt es plötzlich an der Tür, da kratzt es, da winselt es, da weint es, da bellt es – alle Kinder fahren zusammen, und Herr Wendel sagt: »Das ist doch unerhört, Gisela! Sofort jagst du den Hund weg!«

Und Gisela steht langsam auf, und Schrittchen für Schrittchen geht sie dunkelrot auf die Tür zu, am Pult vorbei, und grade, wie sie unterm Pult ist, sagt Herr Wendel plötzlich ganz milde: »Das hätte ich nie vor dir gedacht, Gigi!«

Da aber ist es mit Gigis Fassung vorbei, die Tränen kommen, und mit den Tränen die Worte, und wenn auch alles sehr wirr und durcheinander ist: Herr Krupschert und die Laube, und Mutti, die auf Arbeit geht, und der

Deetz – so viel versteht Herr Wendel doch, dass er früher ganz richtig von Gigi gedacht hatte.

»Also, hol ihn rein, deinen Lumpi. Und nach der Schule sprechen wir weiter.«

Welch ein Freudentanz von Lumpi, welch seliges Kindergesicht! Lehrend lernen wir, nun ja, und die Kinder sind jetzt auch musterhaft. Ein Hund in der Klasse muss verdient werden, das hätte Herr Wendel gar nicht erst zu sagen brauchen, das versteht jedes.

Aber dann in der Pause –:

»Sicher, Herr Wendel, Lumpi hat Hunger!«

»Bei mir muss er auch einmal abbeißen dürfen!«

»Ich habe Knoblauchwurst auf der Stulle – frisst er auch Knoblauchwurst, Herr Lehrer?«

Gewimmel. Getriebe. Geschrei. Kann ein ausgewachsener Mann zwischen solchen Stöppkes verschwinden? Herr Wendel verschwindet. Er schreit: »Kinder, Kinder, das geht doch nicht. Gleich stellt ihr euch da drüben hin! Gisela, hier zu mir stell du dich hin!«

Unmöglich –!

»Lumpi hat von Ernas Stulle abgebissen, dann darf er doch auch von meiner abbeißen, Herr Wendel –?!!«

Also, da steht Gisela mit Lumpi, da stehen dreiundvierzig Kinder, da steht triefend Herr Wendel. »Kinder«, schreit er wieder und ist um Auswege nicht verlegen. »Kinder, auf der Stelle legt jeder sein Butterbrot hier auf mein Pult. Nun aber schnell!«

Wirklich, er erreicht es, auf dem Lehrerpult liegen dreiundvierzig Stullenpakete, angebissen, halb verzehrt, unberührt.

»Jetzt gehst du mit Lumpi auf den Flur, Gisela«, ordnet Herr Wendel an. »Und jetzt, wenn Gigi raus ist, nehmt ihr euch eure Butterbrote wieder und esst sie ganz schnell auf – die Pause ist gleich vorbei.«

Ist er ein Feldherr, der Herr Wendel, ein großer Organisator, der Mann der raschen, richtigen Entschlüsse? Armer Herr Wendel –!

»Ich habe Stulle mit Klops gehabt, Herr Lehrer, die ist weg!«

»Wollen wir tauschen? Ich gebe dir zwei mit Honig, gib mir eine mit Jagdwurst, ja?«

»Herr Lehrer, der Heinz hat sein Brot überhaupt schon aufgehabt, und nun ißt er immerzu!«

Armer Herr Wendel!

»Du könntest deinen Hund«, fragt Herr Wendel zögernd nach der Schule, »nicht weggeben, Gigi –?«

Gigi sieht Herrn Wendel nur an. Dass Götter so schwach sein können!

»Gut«, sagt Herr Wendel entschlossen, »dann gehe ich jetzt sofort zu Herrn Krupschert, und er muss mir in deiner Gegenwart versprechen, dass er dem Lumpi nichts tut. Bist du dann ruhig, Gigi?«

»Aber richtig in die Hand versprechen, Herr Lehrer«, sagt Gigi.

Und dann gehen sie los. Gigi, Lumpi auf dem Arm, Herr Wendel an der Hand, zu Herrn Krupschert.

Lange, lange steht Gigi vor Krupscherts Laube, sie presst den Lumpi so an sich, dass er schnauft. Die beiden reden drinnen und reden, das heißt, meistens redet Herr Krupschert, er erzählt von der Inflation.

Aber endlich kommen sie beide hinaus in die Sonne, und Gigi sieht Herrn Krupschert voller Angst an. Aber Herr Krupschert lächelt, er lächelt mit seinem ganzen weißgelben Bart aus den Nasenlöchern heraus: Herr Lehrer Wendel hat ihm nationalökonomische Bücher aus der Schulbibliothek versprochen.

»Ich habe gedacht«, sagt Herr Krupschert und lächelt immer weiter, »dass du schon ein großes Mädchen bist. Das darf man doch gar nicht, einem andern seinen Hund über den Deetz hauen.«

Gigi sieht Herrn Krupschert an, sie tut auch manchmal, was man nicht tun darf. »Geben Sie Herrn Wendel die Hand darauf, dass Sie Lumpi nichts tun?«

Herr Krupschert tut es.

»Und nun geben Sie Lumpi die Hand«, befiehlt Gigi.

»Na, weeßte …«, sagt Herrn Krupschert empört. Aber dann denkt er an die Bücher.

»Danke schön, Herr Lehrer«, ruft Gigi, und dann läuft sie, läuft sie, läuft sie mit fliegenden Röcken zu ihrer Parzelle.

»Lumpi, Lumpi, uns tut keiner mehr was!«

Wie hell plötzlich die Sonne scheint …

Virginia Woolf
Flush

Gescheitert sind alle Bemühungen, halbwegs zuverlässig das genaue Jahr zu ermitteln, in dem Flush geboren wurde, geschweige denn Monat und Tag; wahrscheinlich ist aber, dass er irgendwann Anfang des Jahres 1842 zur Welt kam. Wahrscheinlich ist auch, dass er ein direkter Nachfahre von Tray war (ca. 1816), dessen Punkte, von denen wir leider nur über das unzuverlässige Medium der Dichtung wissen, ihn als verdienstvollen roten Cockerspaniel ausweisen. Alles spricht für die Annahme, dass Flush der Sohn jenes »wirklich alten Cocker Spaniels« war, für den Dr. Mitford zwanzig Guineen »wegen seiner Vortrefflichkeit im Feld« ausschlug. Wieder nur der Dichtung müssen wir leider vertrauen, was die detaillierteste Beschreibung von Flush selbst als jungem Hund betrifft. Er hatte jenen besonderen Braunton, der im Sonnenlicht »über und über golden« glänzt. Seine Augen waren »verwunderte Augen von haselnussbrauner Sanftheit«. Seine Ohren waren »quastenbehängt«; seine »schlanken Füße« »mit Fransen überdacht«, sein Schwanz breit. Ziehen wir reimliche Erfordernisse und poetische Ungenauigkeiten ab, so findet sich hier nichts, das nicht die Billigung des Spaniel Clubs fände. Es steht außer Zweifel, dass Flush ein reinrassiger Cocker der roten Variante war, ausgestattet mit allen typischen Vorzügen seiner Art.

Die ersten Monate seines Lebens verbrachte er in Three Mile Cross, einem Arbeiter-Cottage nahe Reading. Seitdem die Mitfords in Schwierigkeiten steckten – Kerenhappock war die einzige Bedienstete –, wurden die Hussen von Miss Mitford eigenhändig genäht und waren aus billigstem Stoff; das wichtigste Möbelstück scheint ein großer Tisch gewesen zu sein, der wichtigste Raum ein großes Gewächshaus – es ist unwahrscheinlich, dass Flush von jenen Luxusgütern der Art umgeben war, wie sie einem Hund seines Ranges heutzutage zustünden, etwa regensicherem Zwinger, asphaltierten Wegen, eigens seiner Person zugeteiltem Mädchen oder Burschen. Dennoch ging es ihm blendend; mit der ganzen Lebhaftigkeit seines Temperaments genoss er die meisten Vergnügungen und einige Freizügigkeiten, wie sie seiner Jugend und seinem Geschlecht selbstverständlich waren. Miss Mitford war natürlich sehr ans Haus gebunden. Stunde um Stunde musste sie ihrem Vater vorlesen; dann Cribbage spielen; dann, wenn er endlich schlummerte, am Tisch im Gewächshaus sitzen und schreiben, schreiben, schreiben, um möglichst die Rechnungen der Familie zu begleichen und die Schulden abzutragen. Doch dann war der ersehnte Moment endlich da. Sie schob ihre Papiere zur Seite, stülpte sich den Hut auf den Kopf, griff nach dem Regenschirm und machte sich mit ihren Hunden auf den Weg über die Felder. Spaniels sind von ihrer Natur her einfühlsam; Flush hatte, wie seine Geschichte zeigt, ein geradezu maßloses Verständnis für menschliche Gefühle. Der Anblick seiner lieben Herrin, die endlich frische Luft atmete, sich von ihr das weiße Haar zerzausen und die natürliche Frische ihres Gesichts röten ließ, während die Furchen ihrer hohen Stirn sich glätteten, reizten ihn zu Freudensprüngen, deren Ungestüm zur Hälfte Mitempfinden mit ihr war. Daher sprang er, während sie mit großen Schritten durchs hohe Gras streifte, hin und her und zerteilte vor ihr den grünen Vorhang. In schillernden Schauern zerplatzten die kühlen Tau- oder Regentröpfchen um seine Nase; die Erde, hier hart, dort weich, hier warm, dort kalt, stach, piekte, kitzelte die weichen Ballen seiner Füße. Und welche Vielfalt von Gerüchen, in subtilster Mischung ineinander verwoben, erregte seine Nase; starke Erdgerüche; süße Blumengerüche; namenlose Gerüche von Blättern und Brombeergestrüpp; saure Gerüche, wenn sie die Straße querten; stechende, wenn sie ein Bohnenfeld betraten. Und unversehens wehte mit dem Wind ein Geruch herbei, der schärfer, stärker, schneidender war als alle anderen – ein Geruch, der durch sein Gehirn fegte und tausend Instinkte weckte, eine Million Erinnerungen freisetzte – Hasengeruch, Fuchsgeruch. Fort war er, hinweggerissen wie ein Fisch, den es im Rausch immer weiter und weiter durchs Wasser zieht. Er vergaß seine Herrin, vergaß alles Menschliche. Er hörte dunkle Männer »Span! Span!« schreien. Er hörte Peitschen knallen. Er rannte; er raste. Endlich blieb er stehen, verwirrt; der Zauber verebbte; sehr langsam, verlegen wedelnd, trottete er über die Felder zurück zu Miss Mitford, die ihren Schirm schwenkte und »Flush! Flush! Flush!« rief. Und mindestens einmal war der Ruf noch unwiderstehlicher, weckte das Jagdhorn noch tiefere Instinkte, rührte wildere und heftigere Gefühle auf, die mächtiger waren als alles Erinnern und mit einem einzigen stürmischen Schrei der Ekstase Gras, Bäume, Hase, Kaninchen, Fuchs auslöschten. In seinen Augen loderte die Flamme der Liebe; er vernahm das Jagdhorn der Venus. Noch ehe er dem Welpentum ganz entwachsen war, wurde Flush Vater.

Bei einem Mann hätte solches Betragen, im Jahr 1842, einem Biographen irgendeine Rechtfertigung abgenötigt; bei einer Frau wäre alle Rechtfertigung sinnlos gewesen; ihr Name hätte schmachbefleckt von der Seite getilgt werden müssen. Der Moralkodex der Hunde aber, ob besser oder schlechter, ist jedenfalls sehr anders als der unsere, und es war an Flushs Betragen in dieser Hinsicht nichts, das heute einer Verschleierung bedürfte oder ihn damals aus der Gesellschaft der Reinsten und Keuschesten im Land ausgeschlossen hätte. Anders gesagt: Wir wissen, dass der ältere Bruder von Dr. Pusey ihn liebend gern gekauft hätte. Schließen wir nun von Dr. Puseys Charakter, der uns bekannt ist, auf den wahrscheinlichen Charakter seines Bruders, so muss Flush schon als Welpe, ganz unabhängig vom Leichtsinn der Gegenwart, etwas Ernstes, Solides, künftige Vortrefflichkeit Verheißendes gehabt haben. Doch weitaus beredteres Zeugnis von der Attraktivität seiner Talente legt Miss Mitfords Weigerung ab, Flush zu verkaufen, sosehr ihn Mr Pusey zu kaufen wünschte.

Sie war ja vor Geldnot mit ihrem Latein am Ende, wusste kaum, welche Tragödie sie noch ersinnen, welches Jahrbuch sie noch herausgeben sollte, und sah sich schon zu dem widerwärtigen Mittel gezwungen, ihre Freunde um Hilfe zu bitten, – wie schwer muss es ihr da gefallen sein, die Summe abzulehnen, die Dr. Puseys älterer Bruder zu zahlen bereit war. Zwanzig Pfund waren für Flushs Vater geboten worden. Miss Mitford hätte für Flush durchaus zehn oder fünfzehn verlangen können. Zehn oder fünfzehn Pfund waren eine fürstliche Summe, eine großartige Summe, über die sie da hätte verfügen können. Mit zehn oder fünfzehn Pfund hätte sie ihre Stühle neu beziehen lassen, hätte ihr Gewächshaus neu bestücken, hätte sich eine vollständige Garderobe kaufen können, und »ich habe«, schrieb sie 1842, »seit vier Jahren keine Haube, keinen Umhang, kein Kleid, kaum ein Paar Handschuhe gekauft«.

Doch Flush zu verkaufen war undenkbar. Er gehörte der seltenen Ordnung von Objekten an, die mit Geld nicht aufzuwiegen sind. Gehörte er nicht der immer noch seltenen Gattung an, die, weil sie verkörpert, was spirituell ist, was unbezahlbar ist, zu einem angemessenen Zeichen für die Selbstlosigkeit der Freundschaft wird; konnte er nicht in diesem Geist einer Freundin geschenkt werden, sofern man das Glück hat, eine solche zu besitzen, einer, die mehr Tochter als Freundin ist, einer, die alle Sommermonate abgeschieden in einem rückwärts gelegenen Schlafzimmer in der Wimpole Street verbringt, einer, die keine Geringere ist als Englands herausragendste Dichterin, die großartige, die vom

Schicksal geschlagene, die angebetete Elizabeth Barrett in Person? Solche Gedanken gingen Miss Mitford immer häufiger durch den Sinn, wenn sie Flush im Sonnenschein tollen und toben sah; wenn sie neben Miss Barretts Sofa im dunklen, efeuverschatteten Londoner Schlafzimmer saß. Ja, Flush war Miss Barretts würdig; Miss Barrett war Flushs würdig. Das Opfer war ein großes; doch es musste gebracht werden. So kam es, dass man eines Tages, wahrscheinlich im Frühsommer des Jahres 1842, ein bemerkenswertes Paar die Wimpole Street entlanggehen sah – eine sehr kleine, beleibte ältere Dame in abgetragenen Kleidern, mit leuchtend rotem Gesicht und leuchtend weißem Haar, die einen sehr munteren, sehr neugierigen, aus sehr guter Zucht stammenden goldenen Cockerspanielwelpen an der Kette führte. Sie gingen fast die ganze Straße entlang, bis sie endlich vor der Nummer 50 stehen blieben. Nicht ohne Bangen läutete Miss Mitford die Glocke.

Miss Mitford und Flush erhielten Einlass. Miss Mitford war eine häufige Besucherin; der Anblick des Barrettschen Familiensitzes hatte nichts Überraschendes für sie, jedoch etwas leicht Einschüchterndes. Für Flush muss er im höchsten Grad überwältigend gewesen sein. Bis zu diesem Tag hatte er kein anderes Haus betreten als das Arbeiter-Cottage in Three Mile Cross. Dort bestanden die Böden aus blanken Holzbrettern; die Läufer waren zerfranst; die Stühle billig. Hier war nichts kahl, nichts zerfranst, nichts billig – das erkannte Flush mit einem Blick. Mr Barrett, der Besitzer, war ein reicher Kaufmann; er hatte eine große Familie erwachsener Söhne und Töchter und eine entsprechend große Dienerschar. Sein Haus war im Stil der späten dreißiger Jahre eingerichtet, gewiss mit einem Anflug jenes Orientalismus, der ihn beim Bau seines Hauses in Shropshire bewogen hatte, es mit den Kuppeln und Halbmonden der maurischen Architektur zu verzieren. Solche Extravaganzen wären hier in der Wimpole Street nicht erlaubt gewesen; doch dürfen wir annehmen, dass die hohen dunklen Räume voller Ottomanen und geschnitztem Mahagoni waren; dass es gedrechselte Tische gab, auf denen filigraner Zierrat stand; dass an burgunderfarbenen Wänden Dolche und Schwerter hingen, in Wandnischen kuriose Objekte von seinem ostindischen Besitz ausgestellt waren und dass üppige Teppiche die Böden bedeckten.

Doch Flush, während er hinter Miss Mitford hertrottete, die ihrerseits dem Butler folgte, verwunderte mehr, was er roch, als was er sah. Durch den Schacht des Treppenhauses drangen warme Schwaden von bratendem Fleisch, gebeiztem Geflügel, siedenden Suppen herauf – für Nüstern, die den mageren Geschmack von Kerenhappocks kargen Bratkartoffeln mit Hackfleisch gewohnt waren, fast so hinreißend wie das Essen selbst. In die Essensdüfte mischten sich weitere – Düfte von Zedernholz, Sandelholz, Mahagoni; Gerüche von männlichen Körpern und weiblichen Körpern; von männlichen Dienstboten und weiblichen; von Jacken und Hosen, Krinolinen und Umhängen; von Gobelinvorhängen, Samtvorhängen; von Kohlenstaub und Nebel; von Wein und Zigarren. Jeder Raum, den er durchquerte – Esszimmer, Salon, Bibliothek, Schlafzimmer – steuerte der Duftmischung seine persönlichen Ingredienzen bei, während jede aufgesetzte Pfote von der Sinnlichkeit dicker hochfloriger Teppiche, in die sie zärtlich einsank, gestreichelt und gehalten wurde. Nach einiger Zeit kamen sie zu einer geschlossenen Tür im rückwärtigen Teil des Hauses. Zart wurde geklopft; sacht wurde geöffnet.

Miss Barretts Schlafzimmer – denn das war es – muss, nach allem, was wir wissen, recht dunkel gewesen sein. Das Licht, ohnehin gedämpft durch einen grünen Damastvorhang, war im Sommer zusätzlich verdüstert von Efeu und den Feuerbohnen, Winden, Kapuzinerkressen im Blumenkasten vor dem Fenster. Erst konnte Flush in dem grünlichen Dämmerlicht nichts erkennen als fünf matt schimmernde weiße Kugeln, die geheimnisvoll in der Luft schwebten. Doch wieder war es der Geruch im Raum, der ihn überwältigte. Nur ein Gelehrter, der Stufe um Stufe in ein Mausoleum hinabsteigt und sich dort in einer pilzüberwucherten, schimmelbesiedelten Krypta findet, wo es säuerlich nach Moder und Altertum riecht, wo halb unkenntliche Marmorbüsten aus dem Dunkel glimmen und dies alles im Lichtschein der schwingenden Lampe in seiner Hand nur undeutlich zu sehen ist und schwankt und kippt, während er bald hierhin, bald dorthin leuchtet – nur die Empfindungen eines solchen Erforschers der versunkenen Gewölbe einer in Trümmern liegenden Stadt können mit dem Aufruhr der Gefühle verglichen werden, die Flushs Nerven fluteten, als er zum ersten Mal im Schlafzimmer einer Kranken in der Wimpole Street stand und Eau de Cologne roch.

Sehr langsam, sehr undeutlich, begleitet von vielem Schnuppern und Scharren, begann Flush nach und nach die Umrisse mehrerer Möbelstücke zu erkennen. Der riesige Gegenstand am Fenster war vielleicht ein Kleiderschrank. Daneben stand womöglich eine Kommode mit Schubladen. Mitten im Zimmer tauchte etwas auf, das ein Tischchen zu sein schien, ein ringförmiges; und dann traten die vage amorphen Gestalten von Sessel und Tisch hervor. Doch alles war verkleidet. Auf dem Schrank standen drei weiße Büsten; die Kommode überragte ein Bücherregal; das Regal war mit purpurner Merinowolle tapeziert; der Waschtisch trug einen Kranz von Regalen; und auf dem obersten der Regale auf dem Waschtisch standen zwei weitere Büsten. Nichts in diesem Zimmer war es selbst; alles war etwas anderes. Sogar der Vorhang vor dem Fenster war kein einfacher Musselinvorhang; er war bemalter Stoff mit Bildern von Burgen und Torwegen und Wäldchen und einigen gehenden Bauern dazwischen. Spiegel verfälschten die ohnehin verfälschten Objekte zusätzlich, so dass es nicht fünf, sondern zehn Büsten von zehn Dichtern zu sein schienen, nicht zwei, sondern vier Tische. Und auf einmal ergriff ihn eine noch größere Verwirrung, auf einmal sah Flush einen anderen Hund, der ihn mit blitzenden hellen Augen und heraushängender Zunge aus einem Loch in der Wand anstarrte! Verdattert blieb er stehen. Furchtsam trat er näher.

Mit einem Schritt vor, einem zurück, hörte Flush kaum, oder nur wie das ferne Rauschen von Wind in den Wipfeln, das Gemurmel und Geplätscher plaudernder Stimmen. Er setzte seine Erkundungen fort, vorsichtig, nervös, wie ein Forscher im Wald mit größter Behutsamkeit auftritt, weil er nicht sicher sein kann, ob nicht dieser Schatten hier ein Löwe ist, jene Wurzel eine Kobra. Schließlich aber gewahrte er über sich riesige Objekte in Bewegung; und aufgewühlt, wie er von den Erlebnissen der vergangenen Stunde war, versteckte er sich zitternd hinter einem Paravent. Die Stimmen verstummten. Eine Tür schloss sich. Einen Moment lang verharrte er reglos, konsterniert, angespannt. Dann fiel ihn wie ein Hieb von Tigerpranken die Erinnerung an. Er fühlte sich allein – verlassen. Er rannte zur Tür. Sie war geschlossen. Er kratzte daran, er lauschte. Er hörte Schritte treppab gehen. Er erkannte sie, es waren die vertrauten Schritte seiner Herrin. Sie hielten inne. Aber nein – weiter gingen sie, hinab gingen sie. Miss Mitford stieg langsam, schwer, widerstrebend die Treppe hinunter. Und wie sie fortging, wie er ihre Schritte verklingen hörte, packte ihn Panik. Eine Tür um die andere schloss sich vor ihm, während Miss Mitford die Treppen hinabstieg; schloss sich vor der Freiheit; vor den Feldern, vor den Hasen, dem Gras, vor seiner angebeteten, verehrten Herrin – vor der lieben alten Frau, die ihn gewaschen und geschlagen und vom eigenen Teller gefüttert hatte, wo sie doch selbst nicht so viel zu essen hatte – schloss sich vor allem, was er von Glück und Liebe und menschlicher Güte gekannt hatte! Da! Die Haustür schlug zu. Er war allein. Sie hatte ihn verlassen.

Da überkam ihn ein solcher Schwall von Verzweiflung und Schmerz, überfiel ihn die Unwiderruflichkeit und Unerbittlichkeit des Schicksals mit solcher Wucht, dass er den Kopf hob und laut heulte. Eine Stimme sagte: »Flush.« Er hörte sie nicht. »Flush«, wiederholte sie. Er fuhr zusammen. Er hatte sich allein geglaubt. Er drehte sich um. War außer ihm noch etwas Lebendiges im Raum? War etwas auf dem Sofa? In der ungestümen Hoffnung, dass dieses Wesen, was immer es war, vielleicht die Tür öffnete, dass er immer noch Miss Mitford nachlaufen und sie einholen konnte – dass dies ein Versteckspiel sei, wie sie es zu Hause im Gewächshaus gespielt hatten –, schoss Flush hinüber zum Sofa.

»Oh Flush!«, sagte Miss Barrett. Zum ersten Mal sah sie ihm ins Gesicht. Zum ersten Mal sah Flush die Dame an, die auf dem Sofa lag.

Beide waren überrascht. Zu beiden Seiten von Miss Barretts Gesicht hingen schwere Locken herab; große leuchtende Augen spähten dazwischen hervor; ein breiter Mund lächelte. Zu beiden Seiten von Flushs Gesicht hingen schwere Ohren herab; auch seine Augen waren groß und leuchtend; sein Mund war breit. Es war eine Ähnlichkeit zwischen ihnen. Als sie einander ansahen, spürten beide: Das bin ja ich – und dann spürten beide: Aber wie anders! Ihr Gesicht war das blasse, verhärmte Gesicht einer Kranken, der Luft, Licht, Freiheit verwehrt sind. Seines war das warme rotbraune Gesicht eines jungen Tiers; Instinkt gepaart mit Gesundheit und Lebenskraft. Entzweigebrochen, und doch aus derselben Gussform stammend – konnte es sein, dass jedes zum Vorschein brachte, was im anderen schlummerte? Sie hätte – das alles sein können; und er … Aber nein. Zwischen ihnen lag die tiefste Kluft, die zwei Wesen nur trennen kann. Sie sprach. Er war stumm. Sie war Frau; er war Hund. So eng vereint, so unendlich getrennt, sahen sie einander an. Dann sprang Flush mit einem Satz auf das Sofa und legte sich auf den Platz, auf dem er von diesem Tag an lag – auf die Decke zu Miss Barretts Füßen.

Richard Beer-Hofmann
Alcidor

In der ganzen Stadt hat man den Querschtl gekannt, weil er so schön war, und so gut gehalten. Schneeweiß – zweimal in der Woche hat man ihn gebadet, »savon de mille-fleurs«, und nach jedem Ausgehen die Pfoteln abgewaschen. Und immer war er tadellos geschoren. Wenn der Bruder der Großmutter zu Besuch gekommen ist, hat er jedes Mal dem Großvater – dem es recht zuwider war, wenn man ihn, so ohne Grund, angerührt hat – auf die Schulter geklopft, und immer den gleichen Spaß gemacht: »Herr Schwager – wunderschön ist der Hund geschoren – akkurat, wie von einem richtigen Friseur!« – Ums Schnauzl herum – das rosa mit einem schwarzen Fleck war – war er ganz kurz geschoren, beinah »fiesco«, bis hinauf zu den Augenbrauen, die Ohren auch so – kein Schnurrbart – der Kopf rund geschnitten, ganz hoch aufgekämmt wie eine Perücken, der Hals wieder kurz geschoren, dann, bei der vorderen Hälfte vom Körper, die ganze Länge vom Haar gelassen – nur bissel dünner gemacht, dass es lockerer in die Höh steht – wie der gekrauste Schafpelz von einem slowakischen Bauern hat's ausgeschaut, hat die Mutter gesagt. Die rückwärtige Hälfte von seinem zierlichen Gestell und die Fußeln – wieder ganz kurz, und um jedes

Fußel hat man eine Manschette, unterhalb vom Gelenk, stehen lassen. Der Schweif – wieder beinah »fiesco«, aber an seinem End war ein großer buschiger Pompon, dem man immer wieder nur die Spitzeln gestutzt hat, damit er schön kugelrund bleibt.

Der Großvater hat den Hund mit acht Wochen bekommen – von einem alten pensionierten General, der im Haus nebenan gewohnt hat, und den er schon lang gekannt hat – meine Mutter hat noch den Namen von ihm gewusst – ich hab ihn vergessen – es war eine französische Adelsfamilie, die in der Revolution ausgewandert ist, die Tochter hat man als Stiftsdame untergebracht, der einzige Sohn hat in der österreichischen Armee gedient, und ist als General in Pension gegangen. Der alte Herr hat gesagt, er möcht gern, dass der Hund »Alcidor« heißt, weil, wie er, mit siebzehn Jahren, aus Frankreich fort ist, seine Geliebte, die sechzehn war, ihm ein junges Hunderl, das sie sehr gern gehabt hat, mitgegeben hat. Das Hunderl hat Alcidor geheißen, und war der Stammvater von all den Pudeln, die der alte General – er ist Junggeselle geblieben – sein ganzes Leben lang in allen Garnisonen mit gehabt hat. Er hat dem Großvater gesagt, der Alcidor wär – von vieren – das einzige Manderl im Wurf gewesen, und die Mutter – Fidèle hieß sie – würde keine Jungen mehr haben, der Tierarzt hätte gesagt, es wäre zu riskant, sie wäre schon zu alt, sie könnte dabei eingehen. Und er möchte sie doch gerne noch so lang haben, als er am Leben wär. Nach seinem Tod wär sie ja versorgt: die Geschwister vom Alcidor habe er in Familien von alten Kriegskameraden untergebracht, die alle hier in Graz in

Pension lebten, und die hätten ihm versprochen, wenn er früher als die Fidèle sterben sollte, sie dann zu sich zu nehmen. Er bitte auch den Großvater, im Notfall – man wisse ja nie … es zu tun, und es sei ihm recht, dass der Großvater Pierre Dupont hieße, und so doch eigentlich ein Landsmann sei.

Wenn die Mutter am Fußboden gesessen ist – ringsherum war das Puppenzimmer, und die Puppenküche, und der Bauernhof, und die Menagerie aufgestellt – hat sich der Alcidor dazugesetzt, zugeschaut, wie sie gespielt hat, und hat nur manchmal mit den Pfoten auf eine Figur getappt, und gewedelt – damit er doch auch ein bissel mitspielt. Und weil er so nett geschoren war, hat die Mutter, wenn er gewedelt hat, nach der buschigen Kugel am Schweifend gegriffen, und »Twaschterl« darauf gesagt – das hat »Quasterl« heißen sollen – und später ist daraus »Quaschterl« und noch später – weil es sich leichter gerufen hat – »Querschtl« geworden. So war er bei allen im Haus der »Querschtl« – nur der Großvater hat gesagt, es gehört sich nicht, der alte Herr hätt sich darauf verlassen, dass man ihm Wort hält – der Hund heiße »Alcidor«. Aber er hat es nicht durchsetzen können – er ist der Einzige geblieben, der ihn so gerufen hat. Und weil der Großvater den »Querschtl« ganz in der Früh, dann vorm Mittagessen, und zuletzt vorm Schlafengehen, »äußerin« geführt hat – er selber, die Dienstleute hätten zu wenig Geduld und Fantasie dafür, hat er gesagt – so hat er sich kapriziert, wenigstens die dreimal im Tag dem Querschtl »Alcidor« zu sagen. »Alcidor, jetzt gehen wir spazieren«, hat er gesagt, wenn er ihm das Halsband umgegeben hat, und da hat der Querschtl laut aufgebellt, und ist vor Freud, wie verrückt, im Zimmer herumgefahren, und es hat sich in ihm festgesetzt: »Alcidor« heißt »Jetzt wird spazierengegangen«. So hat der Großvater, außer die dreimal im Tag, nicht »Alcidor« zu ihm sagen dürfen – sonst hat er einen Mordsspektakel gemacht, weil er doch geglaubt hat, jetzt führt man ihn hinunter.

Der Großvater hat aber nicht nachgegeben. Die dreimal im Tag hat er ihm »Alcidor« gesagt, die übrigen Mal hat er sich damit geholfen, dass er ihn nur mit Du angerufen hat. Der Bruder meiner Mutter, der Otto Dupont, du weißt, das war der, der meine Mutter so lieb gehabt hat, und nicht wollen hat, dass man sie an ihren ersten Mann, den Günthner, verheiratet, der schon alt und verdrossen, aber recht reich war – wie die Mutter endlich doch nachgegeben hat, ist er aus Kränkung nach Amerika, und hat nichts mehr von sich hören lassen – der Otto hat gesagt: »Alle Leut hält sich der Vater weit vom Leib, dass sie, um Gottes willen, nicht zu gemütlich mit ihm werden – nur mit dem Herrn Alcidor, da ist er du auf du!«

Beim Sattlermeister unten im Haus hat die Großmutter ihm ein Halsband machen lassen – wunderschön – aus rotem Saffian, mit einem silbernen Schildl, auf dem ist gestanden: »Alcidor Querschtl Dupont«, und die Adresse. Aber damit es den Großvater nicht verdrießt, ist das »Querschtl« in einer Klammer gestanden. Der Großvater hat den Querschtl sehr gern gehabt. Nach dem Tod vom Großvater hat die Großmutter in seiner Schreibtischlade einen Bogen starkes feines Papier gefunden, rundherum ausgezackt – so eines, auf dem man damals Glückwünsche geschrieben hat, ungefaltet – auf dem ist gestanden – als Überschrift: »Was der Alcidor – heute zwei Jahre alt – schon alles kann.« Das Ganze, in Rondschrift, und das A in schwarz und rot, mit so viel Verzierungen und Schnörkeln, wie man's jetzt gar nicht mehr in der Schule lernt, und in einer Schleife vom A ist ein Hunderl gezeichnet gewesen – das hätt der Querschtl sein sollen. Und darunter waren – numeriert – die Kunststücke:

1. Pfoterl geben.
2. Schön aufwarten.
3. Auf zwei Beinen gehen.
4. Puff! – Das Hunderl ist erschossen! – (Da fallt er um, und liegt auf der Seite, und rührt sich nicht.)
5. Hurrah! – das Hunderl ist wieder lebendig! – (Da springt er auf, bellt, und fahrt im Zimmer herum.)
6. Faules Menscherl machen. (Da walzelt er sich am Rücken, und tut dazu so, wie schnarchen und grunzen.)
7. Tür aufmachen.
8. Tür zumachen.
9. Kotrmelez. – (Das ist ein Purzelbaum. Auf tschechisch, weil ihm's die Kathi – das ist unser Dienstmädel, die irgendwo aus Mähren ist, insgeheim, als Weihnachtsüberraschung für uns, eingelernt hat.)
10. Apportieren.
11. Wie spricht der Hund.

12. Setzen. Niederlegen. Aufstehen.
13. Vor der Tür warten.
14. Tanzi machen. – (Da dreht er sich auf zwei Beinen im Kreis. Er macht es auch ohne Kommando, wenn ich eine bestimmte Melodie, die er unter andern genau herauskennt, pfeife. Ich habe nur die Melodie gewusst. Den Text hab ich erst später erfahren, wie eine alte Harfenistin im Hof das Lied gesungen hat. Der Text geht so:

Wann i amal stirb – stirb – stirb –
Miassen mi Steirer tragen,
Und dazu Zither schlagen …

Es passt nicht, dass man grad zu dem Text tanzt, aber jetzt kann ich nicht mehr mit ihm umlernen auf ein anderes Lied.)

Aber das größte Kunststück ist nicht aufgeschrieben gewesen – weil er's damals noch nicht gekonnt hat – das war: Einkaufen. Wenn man zum Querschtl »Einkaufen« gesagt hat, hat er kurz aufgebellt, ist ins Vorzimmer, hinauf auf den Sessel vorm Spiegeltischerl, und hat gewartet. Man hat ihn gebürstet, gekämmt, vorn, über der Stirn, ihm ein blaues Atlas-Mascherl aufgebunden, ihm so eine Art Zuggeschirr aus Lederriemerln – innen mit Sämisch gefüttert, dass es ihn nicht wetzt – umgeschnallt, rechts und links ein halbrundes Körberl mit Deckel angehängt. Das eine war für den Selcher, das andere für den Bäcker, und in jedem ein Zettel, was man ihm mitgeben soll. Meistens hat man ihn so um zwei Uhr geschickt, weil um die Zeit die Jausen-Semmeln frisch aus dem Backofen gekommen sind, und auch nicht so viel Leut in den Geschäften waren. Dann hat man ihm einen leichten Pracker geben und »Fertig« sagen müssen, da ist er zur Tür, hat die Klinke niedergedrückt, und ist hinuntergesaust auf die Gasse. Wenn man aber einmal den Pracker oder das »Fertig« ausgelassen, oder ihm das blaue Mascherl nicht umgebunden hat, ist er fest sitzen geblieben, und hat vom Sessel nicht runter wollen, bis nicht alles in Ordnung war. Unten – meine Mutter und der Otto haben ihm oft nachgeschaut, und sind ihm nachgegangen – ist er im Galopp die Straße hinunter, zum Platz, wo die zwei Geschäfte nebeneinander waren. Manchmal hat er sich bei einem Baum, oder bei einem Hund, aufgehalten – aber nicht lang – dann ist er im Galopp weiter. Zurück ist er eher ernst und in kurzem Trab gangen, und hat andere Hunde nicht angeschaut. Drin, in den Geschäften, hat man ihm das Bestellte in die Körberln gelegt, sie zugebunden, und gewusst, man muss »Fertig!« sagen, damit er geht. Im Laden war er freundlich, auch zu den anderen Kunden, aber wenn einmal die Körberln angefüllt waren, hat ihn keiner mehr angreifen dürfen, und kein Hund ihm in die Nähe kommen – gleich hat er geknurrt, und die Eckzähne gezeigt. Und das Merkwürdigste war: hat der Selcher ihm ein Stückel Wurst oder ein Schinkenabschnitzel hingehalten, so hat er den Kopf weggedreht, und es nicht genommen. Ist aber der Großvater mit ihm spazierengegangen, und hat beim Selcher was eingekauft, gleich hat sich der

Querschtl, neben den Großvater, auf zwei Beine gestellt, den Kopf auf die Budel gelegt, gewedelt, und so den Selcher angebettelt.

Wenn die Frauenbergerischen – die Verwandten von der Großmutter – oder Bekannte und Geschäftsfreunde vom Großvater aus Wien gekommen sind – er hat, so jung er damals noch war, schon viel Bestellungen aus Wien gehabt, weil seine Toupets und Bandeaux, und Postiches, und Perücken, alle, wie für eine Ausstellung, exakt gearbeitet waren, und weil er auch noch dazu so diskret war, dass nie jemand die Namen von seinen Kunden erfahren hat – wenn die nach Graz gekommen sind, und uns besucht haben, hat der Großvater immer den Querschtl ein paar Kunststückeln vormachen lassen: zwei, oder mehr, oder alle – je nachdem ihm der Besuch sympathisch war – aber die größte Auszeichnung war, wenn er erzählt hat, wie der Querschtl einkaufen geht. Und zum Schluss hat er gesagt: »Kann man das erklären, warum er vom Selcher nichts nimmt, wenn er allein einkaufen geht, und ihn anbettelt, wenn ich dabei bin? – Was geht in dem Köpferl vor? Meint er, wenn er allein ist, dass er sozusagen im Amt ist, und nichts annehmen darf – oder meint er, was der Selcher ihm geben will, gehört eigentlich noch zur Bestellung seiner Herrschaft, und da darf er nichts davon wegessen? – Ich glaub, er meint gar nichts! – Wenn man ihn fragen möcht, und er reden könnt, möcht er vielleicht sagen: ›Ich weiß nicht, warum ich's tu – es gehört sich so!‹ – Gefühl für das ›Was sich gehört‹ – Takt hat er halt, der Alcidor! Da kann man suchen, eh man so was wiederfindet!«

Am Sonntag in der Früh hat der Großvater – wenn's schön war – einen Ausflug, mit dem Querschtl gemacht. Immer denselben. In aller Früh, noch vor dem Frühstück, ist der Großvater – wenn er nicht schon am Samstagnachmittag mit der Großmutter in der Kirche war – in die Kirche gegangen – er hat, als Bub, seiner Mutter, die jung gestorben ist, versprochen, er wird, wenn's nicht ganz unmöglich ist, immer wenigstens einmal der Woche in die Kirche gehen. Er ist bald zurückgewesen – die Kirche war nur drei Straßen weit – hat einen heißen, leeren Kaffee getrunken – der Querschtl hat eine laue Milch bekommen, auch leer, nicht mit Brockerln, wie sonst – am Spiegeltischerl im Vorzimmer ist schon ein Wachstuchsackerl parat gelegen, mit zwei Schinkensemmeln drin, und zwei Serviettentascherln, eins für den Großvater, eins für den Querschtl, und dann sinds beide zur Bahn. Sie sind auch nur ein paar Minuten – zwei Stationen weit – gefahren, ausgestiegen, und am Ufer der Mur eine Stunde weit gegangen, bis zu einer Bank, die – wo der Fluss umbiegt, und man einen schönen Ausblick hat – ein paar Schritt vom Ufer weg, am Waldrand gestanden ist.

Dort hat sich der Großvater hingesetzt, der Querschtl hat sich ihm gegenübergesetzt, und sie haben zusammen die zwei Schinkensemmeln gegessen – ehrlich geteilt – immer der Großvater einen Bissen, und einen der Querschtl. Dann hat der Großvater sich und dem Querschtl mit ihren Serviettln den Mund abgewischt, der Querschtl ist auf die Bank gesprungen, hat sich neben den Großvater gesetzt, ganz fest an seinen Arm angedrückt, und hat mit ihm hinaus aufs Wasser geschaut.

Und damit es dem Querschtl nicht fad wird, hat ihm der Großvater immer was gezeigt: den Wurzelstock von einem Baum, der den Fluss hinabgetrieben ist und wie ein Tier ausgeschaut hat, und am drübern Ufer einen weißhaarigen Herrn, der geangelt und nichts gefangen hat, und einen Tannenhäher, der auf einem Baum gesessen ist, und immerfort alles im Wald vorm Großvater und vorm Querschtl gewarnt hat, und einen Frosch, der vom Ufer ins Wasser hineingeplatscht ist – und der Querschtl ist neben ihm gesessen, hat nicht auf den Großvater, sondern vor sich hingeschaut, hat aber die Ohren gespitzt gehabt, und wenn der Großvater zu reden aufgehört hat, hat er mit der Pfoten nach ihm gegriffen – warum er nicht weiterspricht. Aber dem Großvater ist der Stoff ausgegangen, und so hat er geschwiegen. Da hat der Querschtl noch eine Weile gewartet, ob wirklich Schluss ist – dann ist er heruntergesprungen, ist unter die Bank, hat sich eingerollt und fest geschlafen, weil er doch, unter der Woche, nicht gewohnt war, so zeitig aufzustehen.

Und so ist der Großvater, viele Jahre lang, jeden Sonntag – im Winter natürlich nicht – mit dem Querschtl aufs Land gefahren, recht früh am Morgen, weil am Sonntag und an Feiertagen schon um halb zwölf zu Mittag gegessen worden ist, damit das Dienstmädel, die Kathi, die jeden Sonn- und Feiertag Ausgang gehabt hat, einen längeren Nachmittag für sich und ihren Korporal, der ihr Landsmann war, hätt. Bis zum Zugführer hat der's in den zwölf Jahren seiner Dienstzeit noch gebracht, dann hat er eine Anstellung bei der Steuerbehörde bekommen, und hat die Kathi geheiratet.

Und der Querschtl hat zu seinen Stückeln noch eins dazugelernt: am Sonntag hat der Großvater, bevor er aufgestanden ist, gesagt – nicht zum Querschtl, sondern so vor sich hin, aber deutlich und fein schriftdeutsch: »Was für ein Wetter mag es heute wohl sein?« Auf das ist der Querschtl aus seinem Korb heraus, hat sich, so lang als er war, gedehnt, hat laut gegähnt – der Großvater, der, wie er jung war, gesungen hat, hat gesagt, es wär ein richtiges italienisches Solfeggio, was er da gähnt – dann ist er zum Fenster – wenn bei einem das Rouleau herunten war, zum andern, wo's aufgezogen war, hat sich aufgestellt, am Fensterbrettel angehalten, hinausgeschaut, ist zum Großvater, der die Hand – schon hergerichtet für ihn – übern Bettrand hat hängen lassen, und hat ihm die Hand geschleckt. Und der Großvater – der ja, vom Bett aus, schon gesehen hat, was für Wetter draußen ist, hat darauf, wie wenn er dem Querschtl antworten möcht, gesagt: »Jawohl, schönes Wetter!« oder »Also schlechtes Wetter, da bleiben wir zuhaus.« Und auf »zuhaus« ist der Querschtl zurück in seinen Korb, hat seinen Polster ein bissel zurechtgetreten, hat sich eingerollt, die Nase zwischen die Hinterfußeln gesteckt, und hat voll Zufriedenheit, dass er weiter schlafen darf, tief aufgeseufzt, und den Schluss vom Seufzer, mit geschlossenen Lippen, so vor sich hingeblasen.

Christa Winsloe
Bitte nicht stören!

Wenn der Mops sich zur Ruhe begibt, natürlich im Bett auf seidener Daunendecke, lässt er zuerst mal seinen schweren Bauch fallen und seufzt tief auf. Ungeduldig sucht der Kopf seine Kuhle und wühlt sich hinein. Dann muss er seine Beine erst steif von sich strecken, erschlaffen lassen, irgendwo hinfallen lassen, darf sie vergessen, denn überall ist's ja weich und überall warm.

Man schmatzt ein wenig, die lange Zunge hat nicht genügend Raum in der degeneriert kurzen Schnauze – zur Not lässt man eben ein Stückchen heraushängen. Der feste kleine Ringelschwanz löst sich bequem in die Länge. Das eine Ohr allerdings klemmt sich faltig ans Kissen, aber man ist zu müde, um dies noch zu ändern, das andere liegt dafür ausgebreitet wie ein welkendes Blatt angeschmiegt am Kopf. Fast verlangt's zu viel Kraft, die Augen zu schließen, halb genügt's ja auch, man blinzelt völlig uninteressiert noch mal auf die Umwelt – seufzt kurz: »Ach, die Umwelt lieber nicht.« Zu. Aus. Tiefschlaf. Ruhe.

Darf der Mensch da etwa eine Seite umblättern? Nein. Darf er das eingeschlafene Bein wegziehen, auf dem der Mops liegt? Nein. Darf der Mensch niesen oder husten? Nein, oh nein. Aber er darf zusehen. ER darf seinen

Atemzug auf gleichen Takt bringen mit dem tief beruhigenden: Ein … aus … ein … aus …-Schnaufen seines Mopses. Dann wird auch er langsam seine Glieder vergessen, die Augen halb schließen und einen tiefen Seufzer herauswehen und herausstoßen mit den überflüssigen wachen Gedanken. Noch ein kleiner Rucker und auch bei ihm ist Ruhe: aus. Ruhe auf und unter der Daunendecke. Ruhe im Raum, Ruhe im Haus. Fliege fliegt. Mops zittert mit dem Ohr. Mücke summt. Mensch rümpft die Nase. Eine Tür fliegt zu: Krach. Beide zucken zusammen. Mops bohrt den Kopf tiefer ins Weiche, Mensch drückt die Nase schief ins Kissen. Mops schnarcht. Mensch öffnet den Mund und röchelt zufrieden. Mops bellt im Traum, ohne Schnauze zu öffnen, leise aus dem Bauch, schmerzhaft winselnd. Mensch stöhnt im Schlaf, träumt vom Tiger in der Wüste.

Telefooooo …n!!!! Rrrrrrrrr … Rrrrrrrrr … Mops bellt, wütend sprüht sein Auge, Maul offen, Zunge raus: Chinesischer Höllenhund. Mensch ist unfrisiert und dumm.

J. V. Widmann
Gletschertour mit Hund

Dass man die Berner Alpen noch spät im Jahr mit Genuss bereisen kann, dafür habe ich als Gewährsmann, wenn es überhaupt einen solchen braucht, keinen Geringeren als den jungen Goethe zu nennen, der mit seinem Herzog bis in die ersten Novembertage des Jahres 1779 hinein die Schweizer Gebirge durchwanderte und unter anderem am 11. Oktober von Grindelwald aus an Frau von Stein berichtete: »Wir sahen noch vor der Abendmahlzeit den sogenannten unteren Gletscher, der bis ins Tal dringt, und dann die herrliche Eishöhle, woraus das Eiswasser seinen Ablauf hat, und suchten Erdbeeren in dem Hölzchen, das gleich daneben steht.«

Von den trefflichen Bergwirtshäusern, die man jetzt allerorten im Berner Oberlande antrifft, war damals noch keines gebaut. »Wir aßen bei einem Bauer, was wir mitgenommen hatten«, heißt es wiederholt in jenen Briefen an Frau von Stein. Hier und da musste ein leerstehender Käsespeicher eines Sennen augenblicklichen Unterschlupf gewähren.

Das heutige Touristengeschlecht – die kühnen Alpengänger natürlich ausgenommen – ist verzärtelter und anspruchsvoller. Wenn die Herbsttage kommen, und mag noch so viel Sonnengold auf allen Matten liegen, werden die Bergwege unseres Hochgebirges einsam.

Diejenigen aber, die eine ernsthafte Alpenliebe im Herzen tragen, nicht bloß der Flatterherrschaft der Mode frönen, die sagen zu sich selbst um diese Zeit: Jetzt ist meine Stunde gekommen.

So ergriff auch ich den Bergstock zum großen Jubel meines Schnauzerhündchens, das mich auf solchen Ausflügen begleiten darf und vor Freude außer sich kommt, sobald ich die Lodenjoppe anziehe und den Tornister hervorhole. Ahnungsloses, armes Tierchen! Du hättest deine wilden Luftsprünge und dein fast jauchzendes Bellen gespart, hättest du voraussehen können, welche Not dir diesmal bevorstand. Aber auch ich wusste es ja nicht, und so traten wir beide wohlgemut unsere herbstliche Wanderung an.

Schon auf dem Dampfschiffe des Thunersees, den wir am späten Nachmittag befuhren, zeigten sich die Eisgipfel der Hochalpen in einer Klarheit, wie sie in diesem ganzen, doch so wunderbar schönen Sommer niemals gestrahlt hatten. Man mochte glauben, plötzlich mit Adleraugen beschenkt worden zu sein, wenn man imstande war, auf der fernen Schneewand des Mönchs oder des Eigers gleichsam die Furchen zu zählen, in denen die Staublawinen zu Tal fahren.

Interlaken ließ ich links liegen und ging von der obersten Dampfschiffstation des Thunersees gleich geradeaus an jenem Abend noch zu Fuß nach Lauterbrunnen. Rosig erglühte im letzten Abendschein über der schon dunkeln Talschaft die das Land gleichsam absperrende

Jungfrau. Dann erbleichte sie plötzlich, und bis Lauterbrunnen war mein nächtlicher Weg nur durch zwei Erscheinungen belebt: die in unbeschreiblicher Klarheit funkelnden Sterne hoch oben und hier und da ein Aufleuchten weißen Schaumes in dem wilden Bergwasser, in der Lütschine, deren Rauschen das ganze Tal erfüllte.

Der nächste Morgen brachte mich auf die Höhe der Kleinen Scheidegg, an Wengernalp vorüber. Das im Hochsommer oft so beschwerliche Steigen – wie leicht ging es heute bei kühlem, aber ganz hellem Herbstwetter vor sich. Jenseits der Schlucht, welche die Wengernalp von den nahen Gletschern der Jungfrau trennt, sah ich durchs Fernrohr vier tapfere Männer sich auf dem Eise des Jungfraujoches emporarbeiten. Sie hatten den beschwerlichsten, in diesem Jahre noch von niemand begangenen Weg ausgewählt. Unter »Weg« sind natürlich nur die Stufen zu verstehen, die sie sich Schritt für Schritt mit ihren Eispickeln in den Gletscher meißelten. Es waren aber auch Hochtouristen ersten Ranges, von großem Ruf: ein Herr W. E. Davidson vom Auswärtigen Amt in London und sein Freund H. S. Hoare mit zwei erprobten Führern von Meiringen.

Angesichts solcher Leistung da drüben an der Jungfrau, wo eben jetzt, um die Mittagsstunde, in Pausen von nur zehn Minuten zwei donnernde Lawinen niedergingen, konnte ich wahrhaftig nicht den gewöhnlichen, allbegangenen Touristensaumpfad nach Grindelwald hinabtrotten. Ein Führer fand sich glücklicherweise auf der Scheidegg im Wirtshause, und mit ihm schlug ich den längs der Felswand des Eigers sich hinziehenden Weg nach dem Grindelwalder Eismeere ein, »nur rüstigen Fußgängern ratsam«, wie in den Reisebüchern zu lesen steht. Nun! Rüstig genug fühlte ich mich in dieser herrlichen, die Nerven stählenden Luft, und mit wahrer Lust schritt ich hinter dem Führer über Matten, bergauf, bergab, durch Steingeröll, durch ausgeblühte Alpenrosenfelder und über jene abschüssigen glatten Steinplatten, die einmal in der Breite einer Viertelstunde alle Vegetation unterbrechen. Das ging so mehrere Stunden lang, immer in der Höhe. Und hier war mir die für den Herbst seltene Freude beschieden, eine noch blühende blassrote Alpenrose zu pflücken. Erdbeeren aber und Heidelbeeren gab es in Menge.

Nun gelangten wir an das Eismeer, das in der Breite und in der Länge die Ausdehnung ungefähr einer Stunde hat. Aber der Gletscher sah nicht gut aus. Statt uns eine geneigte Fläche zuzukehren, wies er uns zum Willkomm nur einzelne hohe, sägeartig oder turmartig ragende Zacken. Die sonst zwischen diesen Zacken bestehende Verbindung war in diesem heißen Sommer stark abgeschmolzen. »Wie kommen wir da hinauf?«, fragte ich. Der Führer schüttelte den Kopf, sagte aber doch: »Es wird schon gehen.« Und nun wählte er den solidesten der Eistürme aus und begann ihn mit dem Eispickel zu bearbeiten. Als er ein paar Stufen gehauen hatte, kletterte er mittels derselben höher, hieb weitere Stufen und gelangte durch diese systematisch und mit großem Geschick betriebene Arbeit wirklich auf die Spitze des Eisturmes, von wo aus er mir zurief, dass es nun schon leichter gehen werde, die nächste Spitze und von dort die ebenen Flächen des Gletschers zu erreichen. Ich ließ mir also das Seil zuwerfen, dessen anderes Ende der Führer fest in den Händen hielt, und so kletterte ich ihm nach, innerlich erfreut, dass ich an dieser glatten Wand wenigstens nicht bergab zu gehen brauchte.

Kaum stand ich oben, als ein jammervolles Winseln mich erinnerte, dass da unten noch einer sei, der ohne Hilfe nicht herauf gelangen könne. Mein armes Schnauzerchen! Was war zu tun? Ihm das Seil zuwerfen, dass er es mit den Zähnen fasse und sich heraufziehen lasse? Er ist ein gescheites Hundevieh; aber das wäre doch zu viel von ihm verlangt gewesen. Es blieb nichts übrig, als dass entweder der Führer oder ich uns noch einmal zurückwagten und den Hund herauftrugen. Aber ich traute mir's nicht zu, an der steilen Eiswand heil hinunter zu gelangen, und jedenfalls konnte ich nachher den Hund nicht hinauftragen. Hatte ich doch vorhin bei freien Händen Mühe genug gehabt, die Kletterei glücklich zu beenden.

Also war es jetzt an mir, das Seil zu halten, an dem der Führer sich hinabließ, um das Hündchen zu holen. Aber siehe, sowie sich der Führer dem ängstlich uns beobachtenden Tiere näherte, nahm es vor ihm Reißaus und lief mit wütendem und doch zugleich bangem Gebell zurück auf den Weg, von wo wir gekommen waren, verkroch sich unter ein Felsstück und dann, als der Führer es dort fassen wollte, unter dichtes Dorngebüsch; kurz, es ließ sich nicht fangen, weil es offenbar um keinen Preis den Gletscher betreten wollte. Zu spät erinnerte ich mich, dass es mir schon einmal am Bossomgletscher des Montblanc eine ähnliche Szene gespielt hatte. Dort aber hatten wir Zeit vollauf gehabt – es war vormittags gewesen im Hochsommer –, und so hatten wir damals nicht geruht, bis wir das Tier eingefangen hatten, und dann trug es der savoyische Führer über den ganzen Gletscher.

Hier war die Lage eine ernstere. Schon glühte jener ungeheure Eis- und Schneezirkus, der in gewaltigem Ring das Eismeer umfasst, im letzten Abendschein eines kurzen Herbsttages. Der Führer erklärte, dass die Dunkelheit uns nicht auf dem Gletscher überraschen dürfe, denn selbst bei Tageshelle werde es ihm einige Mühe kosten, den rechten Weg zum Überschreiten ausfindig zu machen. Fast täglich verändert sich ja ein Gletscher, neue Risse und Schründe entstehen über Nacht. Das kanonenschussähnliche Donnern, das solche Veränderungen begleitet, kennen alle Hochtouristen, die eine Nacht in der Nähe eines Gletschers zugebracht haben.

»Wir müssen den Hund zurücklassen« – das war endlich die Bestimmte, keinen Widerspruch mehr duldende Erklärung meines Führers. Ungern ergab ich mich darein. Mein einziger Trost war das Vertrauen auf die Intelligenz meines Hündchens, und außerdem gelobte ich mir, anderen Tages von Grindelwald hinaufzusteigen und alsdann den armen kleinen Kerl aus seinem ungeheuren Gefängnis in der Wildnis des Gebirges zu erlösen. Noch ein letztes angelegentliches Locken. Vergebens! Wohl kam das Tierchen winselnd zum Vorschein, aber fassen ließ es sich nicht.

»Also weiter in Gottes Namen!«

Wir überschritten das Eismeer unter mancherlei Schwierigkeiten, die noch größer gewesen wären, wenn wir dabei den Hund hätten tragen müssen. Eine volle Stunde brauchten wir; noch oft mussten Stufen gehauen werden; auch tat das Seil gute Dienste. Während dieser Zeit gellten fortwährend von der Seite her, die wir verlassen hatten, die Jammertöne des Hündchens, und wir konnten beurteilen, dass das Tier, je nachdem wir auf dem Gletscher stiegen oder abwärts gingen, uns am Ufer des gefrorenen Stromes aufwärts und abwärts folgte.

Jenseits des Eismeeres befindet sich ein nur im Sommer geöffnetes kleines Wirtshaus »Zur Bäreck«. Dort hatten wir wieder festen Fels unter den Füßen und eilten nun bei pfeilschnell zunehmender Dämmerung auf einem guterhaltenen Pfade dem Tale von Grindelwald zu. Hierbei unterließ ich nicht, immer in kurzen Pausen, so laut ich konnte, über den Gletscher hin meinen Hund bei seinem klassischen Namen (»Argos«) zu rufen. Und bald hatte ich die große Freude, ihn mit herzhaftem Gebell antworten zu hören. Es unterlag keinem Zweifel, auch er suchte sich dem Tale zu nähern, immer freilich von uns getrennt durch den bis hinab sich ziehenden unüberschreitbaren Gletscher. So begann ich auf eine Vereinigung unten im Talgrund zu hoffen. Aber ich brachte einen letzten steilen Felsabsturz nicht in Anschlag, der überm untern Grindelwaldgletscher jede Verbindung zwischen dem Gebirge und der Talschaft auf dieser Seite aufhebt. Zwar gibt es an einer Stelle der Felswand eine Leiter, und der Führer meinte auch, dass ein Hündchen vielleicht seitlich von der Fluh durch geschickte Benützung einzelner schmaler Rasenbänder und gewisser vom Schnee- und Regenwasser ausgehöhlter Rinnsale unter besonders glücklichen Umständen zu Tal gelangen könnte. Aber über Leitern gehen nur dressierte Hunde im Hundetheater, und nun vollends bei Nacht, wie sie jetzt herrschte, wie sollte da das arme kleine Tier die Stellen ausfindig machen, die ihm vielleicht ein Hinabspringen gestatteten? Trotz dieser Überlegung hörte ich aber nicht auf, es mit Zuruf zu locken, hauptsächlich, damit es wisse, wohin ich gegangen, und damit es mir am nächsten Morgen vielleicht folgen könne. Das Hündchen beantwortete jeden Ruf mit scharfem Geheul, indessen immer von derselben Stelle aus, sodass wir sicher annehmen mussten, es befinde sich an einem Orte, von wo aus bei herrschender Dunkelheit ihm irgendwelches Weitergehen zu gefährlich scheine. Da gab ich das Locken auf, und betrübt über dieses Ende meines Ausfluges folgte ich dem Führer nach Grindelwald hinab, wo ich im Gasthof Zum Adler Quartier nahm.

Mein Zimmer ging nach dem Gebirge hinaus, das jenseits der Lütschine aus der Finsternis mit mattem Schneeglanze herüberschimmerte. In später Nachtstunde lag tiefe Stille über der Landschaft; nur gedämpft drang das Rauschen des Flusses zu mir herauf. Da – plötzlich durch diese tiefe Stille aus weiter Ferne her ein langgezogener Klageton, der mir allen Schlaf vertrieb trotz der Ermüdung nach solchem elfstündigen Wandern im Gebirge. Kein Zweifel, das war mein treues Tier, das dort droben auf dem Felsen nach mir heulte und seine Einsamkeit bejammerte. In der Fluglinie war die Entfernung wirklich nicht so groß, dass man sein Geheul nicht hätte vernehmen sollen, und dann wird die Akustik noch besonders verstärkt durch die halbkreisförmige Gestalt jenes Gebirges. Einen Augenblick hatte ich die Regung, durch einen starken, meinem Hunde wohlbekannten Pfiff zu antworten. Aber ich sagte mir, dass ich damit die Sehnsucht des Tieres nur vergrößern würde, ohne ihm augenblicklich helfen zu können. Also verhielt ich mich still und legte mich nieder, um morgen mit frischen Kräften den treuen Gesellen von seiner »Martinswand« erlösen zu können.

Es war wieder ein wundervoller Herbstmorgen oder eigentlich ein unbeschreiblich schöner Sommertag ohne jede Spur von Nebel, als ich frühzeitig mich erhob. Das Erste war natürlich, nach dem Berge hinüber zu lauschen. Aber dort war alles still. Hatte das Hündchen sich ruhig in sein Schicksal ergeben und schlief es vielleicht unter irgendeiner alten Wettertanne, bis ich es holte? Oder war es in der Nacht bei einem Versuche, den Weg ins Tal herabzutasten, in einen Abgrund gefallen und bereits verendet? Auch Füchse oder die in den Klüften des Eigers nicht allzu seltenen Raubvögel konnten sich an das zu wirksamer Verteidigung wenig befähigte kleine Tier gewagt haben, dessen Stimme schon der »Herold seiner Schwäche« war.

Unter solchen Zweifeln stieg ich am Gebirge empor, diesmal auf der Seite des Gletschers, wo ich gestern den Hund verlassen hatte. Mein Rufen war umsonst. Bis zu jener letzten Felswand drang ich vor, wo er noch nachts geweilt hatte. Kein Bellen, kein Winseln antwortete mir.

Hier also konnte der Hund nicht mehr weilen. Somit kehrte ich eine Strecke zurück und stieg nun auf der anderen Seite des Gletschers wieder bis zu dem kleinen Wirtshause »Zur Bäreck« empor, wo ich in der Mittagsstunde anlangte. Die Leute daselbst versicherten mir, sie hätten einen Hund in der Nacht heulen hören bis gegen Morgen um vier Uhr, dann nicht mehr. Während ich mit ihnen noch sprach, langte elastischen Schrittes ein wohlgebauter, schlanker Engländer mit einem Führer an. Er goss eine Flasche Limonade hinab und berichtete flüchtig, er habe gestern das Jungfraujoch erklommen und diesen Morgen schnell im Vorbeigehen den Mönch bestiegen. Das war ohne jede Spur von Renommage einfach, schlicht hingeworfen. »Da sind Sie Mr. Davidson?«, sagte ich. – »Der bin ich«, gab er zurück, und mit aufrichtiger Bewunderung sah ich mir den Mann an, der unsere höchsten Gipfel bewältigt, als ob dergleichen eine Spielerei wäre. Er ist ein sehniger, echter Hochschotte, von den Bergen seiner Heimat schon an Klettereien gewöhnt. Seinem Begleiter auf dem Jungfraujoch, Mr. Hoare, war die Besteigung des Mönchs indessen doch zu viel gewesen; so hatten sie sich getrennt. Und fast im Tanzschritt verließ jetzt Mr. Davidson die Bäreck, dem Meiringer Führer, der ihm etwas schwerfälliger, aber ebenfalls kerzengerade folgte, trockene Scherzworte zurufend.

Mit alledem hatte ich mein Hündchen nicht zurück. Auch Mr. Davidson und dessen Führer hatte ich nach dem Tiere gefragt, natürlich vergebens. So trat ich denn in gedrückter Stimmung den Rückweg an, immerhin nicht unempfänglich für all den unbeschreiblichen Glanz der mich umgebenden herrlichen Hochgebirgswelt und oft mich auch leiblich erquickend an den eiskalten Wässerchen, die da und dort dem Felsgestein entspringen. Den späten Nachmittag und Abend brachte ich noch mit Suchen am oberen Grindelwaldgletscher zu und mit Ausschreiben meines Tieres durch Zeitungsinserate und durch Postkarten an mir bekannte Gastwirte.

Anderen Tages kehrte ich nach Bern zurück, zu Fuß von Grindelwald bis an den Spiegel des Thunersees, von dort mit Dampfschiff und Eisenbahn. Eine kleine Hoffnung lebte noch in mir, ich würde zu Hause den Hund antreffen, der am Ende allein den Heimweg mochte angetreten haben. Personen, denen ich davon sprach, lachten mich aus. »Ein so kleines Tier? Wo denken Sie hin?« Wirklich war er auch nicht da, und meine Hausgenossen teilten meine Betrübnis, mit ihnen ein lieber Freund aus Wien, der große Meister im Reich der Töne, der diese Nacht unter meinem Dache vorliebnahm.

Da – am Morgen bald nach sechs Uhr – welcher Schrei ertönt vor der die Wohnung absperrenden Glastür? Und ein Stoßen, Poltern, Kratzen! Alle liefen wir auf den Flur des Hauses, so, wie wir eben aus dem Bette kamen. Schnell die Tür auf! Ah! Wahrhaftig, er ist's!

Mit einem zweiten Schrei sprang das gute Tier in unsere Mitte, uns alle gleichsam auf einmal begrüßend. Dann sank es hin. Es war durch und durch nass, da in der Nacht starker Regen gefallen war, sein Pelzchen steckte voll Tannennadeln, seine armen Füße waren an den Ballen rot und geschwollen; auch eine Bisswunde hatte es am Nacken, und so abgemagert sah es aus, dass wir sofort begriffen, es habe seit Freitag bis Montag nichts mehr zu essen bekommen. Wir trockneten es ab, wir gaben ihm Milch zu trinken, wir badeten es später und glätteten sein straubiges Fell, und bei alledem schien es uns viel, unendlich viel erzählen zu wollen, was es leider verschweigen musste. Seither weiß ich, zum Teil durch direkte Mitteilungen von Gasthofbesitzern im Oberland, dass das Hündchen, ohne irgendwo sich greifen zu lassen, vom Eismeere bei Grindelwald den Weg längs der Eigerwand nach der Kleinen Scheidegg zurückgelaufen ist, von dort über die Wengernalp nach Lauterbrunnen, dann die Straße hinab über Unspunnen an den Thunersee, weiter längs dem See die vielen Stunden bis Thun und von dort noch gute fünf Stunden nach Bern.

Ich kann diese Mitteilung mit der erfreulichen Meldung beschließen, dass schon nach zwei Tagen mein Hündchen sich vollständig erholt hat. Verschiedene Blätter haben seiner Leistung Erwähnung getan; auch sind ihm »persönlich« einige Gratulationskarten zugesandt worden, ohne dass sein Charakter durch so viel allseitig ihm gespendetes Lob im Geringsten wäre verdorben worden.

Elizabeth von Arnim
Alle meine Hunde

Die Kinder von Chunkie und Knobbie kamen in dem geißblattfarbenen Haus in der Provence zur Welt, das inzwischen ganz von Kletterrosen umrankt ist.

Chunkie war, als er das entsprechende Alter erreicht hatte, nicht der Hund, der das Hochzeiten auf die lange Bank schob. Und obwohl ich aus züchterischen Gründen darauf bedacht war, dass er Knobbie nicht zu nahe kam, konnte ich es doch nicht verhindern. Und neun Wochen später kamen ihre Jungen auf einem Sofa in meinem Schlafzimmer zur Welt.

Ich hatte alle Vorkehrungen getroffen, Knobbie an dem betreffenden Tage zum Tierarzt zu bringen. Aber ich hatte mich um eine Woche verrechnet. Eines Abends, als ich ruhig lesend im Sessel saß, während Knobbie mir zu Füßen lag, setzte sie sich plötzlich auf und starrte mich an.

Ihr Blick war so zwingend, dass ich vom Buch weg zu ihr sehen musste, das Buch fortlegte und sie fragte, ob sie hinauswolle.

Aber sie rührte sich nicht, sondern fuhr fort, mich anzustarren. Da ich nicht begriff, was sie eigentlich wollte, begann ich wieder zu lesen. Aber es gelang mir nicht, mich zu konzentrieren. Sie hielt ihre Augen so beharrlich auf mich gerichtet, dass ich aufstand und die Tür öffnete, um sie in den Garten hinauszulassen. Knobbie stahl sich jedoch heimlich in mein Schlafzimmer und sprang auf das Sofa, wo sie ihre Jungen warf.

Mit einem Male wurde das Haus lebendig. Mein Mädchen, das mein Schlafzimmer für die Nacht herrichtete, ließ alles stehn und liegen und kam laut schreiend zu mir heruntergestürzt, um mir mitzuteilen, was dort oben vor sich ging. Ich eilte hinauf, während der Chauffeur den Tierarzt holen ging. Wir waren alle sehr aufgeregt; nur Knobbie blieb ruhig.

Nach ihrem Verhalten vor dem Eintreffen des Tierarztes zu urteilen, hätte man meinen können, dass dies ihr zehntes Wochenbett und nicht ihr erstes war. Sie wusste genau, was sie mit jedem Neugeborenen zu tun hatte, und tat es auch. Sie war die Ruhe selbst und wollte nur allein gelassen werden. Und als der Tierarzt kam, hatte sie sechs Junge geworfen – zwei davon waren tot geboren infolge ihres Sprunges auf das Sofa.

Ich glaube, ich war auf die Kleinen ebenso stolz wie Knobbie es war. Sie konnte sie unmöglich mehr lieben, als ich es tat. Und sie war eine sehr zärtliche Mutter.

Eine merkwürdige Folge hatte ihre Mutterschaft. Ich beobachtete, dass sie Chunkie plötzlich eine tiefe Abneigung zeigte. Ich konnte mir den Grund nicht erklären; sie hatte bei der Geburt ihrer Jungen nicht so sehr gelitten, als dass sie deswegen einen Groll gegen ihn hegen konnte. Dennoch schnitt sie ihm die fürchterlichsten Gesichter, wann immer er in ihre Nähe kam, und wagte er es gar, einmal einen Blick auf seine Nachkommenschaft zu werfen, knurrte sie ihn drohend an.

Das Erlebnis der Mutterschaft, das sie meiner Meinung nach doch eigentlich hätte noch sanfter machen sollen, hatte meine sanfte Knobbie in eine Wilde verwandelt! Ich erkannte sie nicht wieder. War das dieselbe Knobbie, die Chunkie ihre Ergebenheit nicht genug beweisen und die nicht einen Augenblick ohne ihn sein konnte, die ihn immer wieder zum Spielen verlockt und die es so glänzend verstanden hatte, ihm zu schmeicheln, indem sie seine Späßchen – ich bin sicher, dass er wie jeder Mann gerne welche zum Besten gab – so beifällig und, wie ich behaupte, lachend aufnahm? Darin unterschied sie sich in nichts von uns Frauen. Jedenfalls habe ich sicherlich ebenso rückhaltlos bewundernd wie Knobbie die Scherze und Witze der Männer belacht, die ich später heiraten sollte. Aber natürlich konnte ich später nicht mehr so aus vollem Herzen darüber lachen, denn ich hatte sie im Laufe meiner Ehen schon zu oft gehört; doch haben solche Wiederholungen den Vorteil, dass man es schließlich genau im Gefühl hat, wann der Beifall erwartet wird.

Aber jetzt lachte Knobbie nicht mehr. Seit der Geburt ihrer Jungen konnte ihr Chunkie durch nichts – was er auch immer anstellte und ihr in der für uns so geheimnisvollen Hundesprache mitteilte – ein Lächeln entlocken. Weniger höflich – oder soll ich sagen weniger verächtlich? –, aber aufrichtiger als ich, gab sie sich auch nicht einmal den Anschein, ihm zuzuhören. Sie dachte nur an ihre Kinder. Diese nuckelnden kleinen Geschöpfe nahmen ihre ganze Aufmerksamkeit in Anspruch; und meine nicht minder, denn ich machte die Erfahrung, dass man, sobald junge Hunde erst einmal herumkrabbeln, sehr auf sie aufpassen muss.

Eine Zeitlang glaubte ich, dass es mir möglich sein würde, sie alle zu behalten, weil eins so entzückend war wie das andere, aber als sie größer wurden, sah ich ein, dass es immer schwieriger werden würde, mit so vielen fertigzuwerden, und entschloss mich daher, wenn auch widerstrebend und schweren Herzens, zwei von ihnen an Freunde abzugeben.

Aber schließlich blieben mir ja immer noch vier Hunde, und als meine Bekannten Wind davon bekamen, schrieben sie mir, es wäre wirklich schade um mich. »Du lebst nur noch für Deine Hunde!«, schrieben sie, und tatsächlich kam es mir manchmal selbst so vor, so viel Zeit musste ich ihnen widmen, wenn sie ihr Recht bekommen sollten. Ich musste für ihr Futter sorgen, mit ihnen spazieren gehen, sie baden, bürsten und kämmen und vor allem die beiden Kleinen zur Stubenreinheit erziehen.

Vier Hunde sind wirklich eine ganze Menge, und es überraschte mich gar nicht, dass meine Bekannten sich darüber aufregten. Was für Freude und Spaß ich aber an ihnen hatte, davon wussten sie nichts. Gewiss, die Spaziergänge strengten mich manchmal sehr an, und in einem solchen Zustand der Ermüdung dachte ich zuweilen, dass ich mit der Aufzucht junger Hunde besser schon in früheren Jahren hätte beginnen sollen. Dennoch zählen diese achtzehn Monate, in denen ich alle vier um mich hatte, zu den glücklichsten, wenn auch »atemlosesten« meines Lebens.

Ich möchte allen Menschen, die Anlage zu Schwerfälligkeit haben und deren Blut dick zu werden beginnt, empfehlen, sich vier Hunde zu halten, von denen zwei noch jung sind, und sie nicht den Dienstboten zu überlassen, sondern sich selbst um sie zu kümmern.

Die zwei, die ich von Knobbies Wurf für mich aussuchte, hießen Woosie und Winkie. Was Winkie anbetrifft, meinen klugen und zärtlichen Winkie, so stand es von vornherein für mich fest, dass ich ihn behalten würde. Er war ganz weiß bis auf seine rechte Gesichtshälfte, die schwarz war, und einen schwarzen Fleck in der Mitte seines linken Ohres und zeichnete sich von Anfang an durch seine Anhänglichkeit und seine ausgesprochene Liebe zu mir aus. Er war ein Hund, der nur einem Menschen gehören konnte, und ich war dieser Mensch.

Was Woosie anging, so konnte ich mich nicht so schnell entschließen und überlegte eine ganze Weile, ob seine Vorzüge die der beiden andern übertrafen, bis ich mich doch für ihn entschied, weil er als Einziger von dem Wurf Chunkies Ebenbild zu sein schien.

Schien – denn es war nur äußerlich. Dem Wesen nach ließ sich kaum ein größerer Gegensatz denken, als zwischen ihm und seinem Vater bestand. Chunkie war ein wundervoller Hund, und Woosie war es durchaus nicht. Sie hatten dasselbe Fell und die gleiche Zeichnung, aber nicht denselben Charakter. Später, als ich die beiden andern schon fortgegeben hatte, begriff ich nicht, wie ich mich durch solche äußerliche Ähnlichkeit hatte beeinflussen lassen können. Schon nach zwei Monaten stellte es sich heraus, dass Woosie – außer dem Fell –

auch nicht eine Spur von Ähnlichkeit mit seinem Vater hatte. Während Chunkie einen besonders schönen und edlen Kopf hatte, war Woosie merkwürdig plump und unförmig, und seine immer etwas verschleierten Augen spiegelten nichts von der Gutmütigkeit wieder, nichts von Chunkies philosophischer Haltung des Leben-und-leben-Lassen, die seine Augen so warm und ausdrucksvoll machte. Wäre ich in Bezug auf junge Hunde nicht so unerfahren gewesen, würden mich Woosies Kopfform und die Verschlagenheit seines Blickes gewarnt haben; so aber bestach mich sein lockiges Fell, und zu spät erkannte ich, dass er sich immer mehr zu einem wahren kleinen Teufel entwickelte.

Wie die sanfte Knobbie ein solches Kind zur Welt bringen konnte, blieb mir unbegreiflich; wie zwei so vollkommene Hundeeltern zu einem solchen Sohn kamen, war mir rätselhaft. Zunächst nahm ich Woosies Schnappen und Knurren nicht ernst, sondern hielt es für Spielerei. Als er klein war, machte sich seine Rauflust naturgemäß noch nicht so bemerkbar, aber als er größer und kräftiger wurde, nahm sie bedenklich zu. Es war ein Glück, dass Winkie noch schneller gewachsen war, denn sonst wäre bei einer der häufigen brüderlichen Balgereien wahrscheinlich nichts von ihm übrig geblieben. Aber auch ohne dies wurde er manchmal übel zugerichtet. Sein linkes Ohr mit dem schwarzen Fleck in der Mitte, auf das ich so besonders stolz war, befand sich in ständiger Gefahr, abgerissen zu werden, und ich sah mich bald genötigt, in diese Balgereien einzugreifen, die ich bisher für harmlos gehalten hatte, und der Tatsache ins Auge zu sehen, dass Woosie ein schlechter kleiner Hund war, der jedes Spiel zu einem erbitterten Kampf machte.

Es war für mich besonders beunruhigend, wenn er sich im Auto mit den anderen herumzubalgen begann. Ich pflegte, als die beiden Kleinen alt genug dazu waren, jeden Nachmittag mit allen vier Hunden auszufahren. Und zwar um drei – weil ich mich nachher dem Strudel des gesellschaftlichen Lebens, das an der Côte d'Azur von fünf Uhr bis in die Nacht hinein andauert, nicht entziehen konnte. Wir fuhren weit hinaus in die Wälder und Felder abseits der Hauptverkehrsstraßen, damit sie ungefährdet draußen herumtollen konnten. Sobald der Wagen vorgefahren war, sprangen sie alle vier hinein, Knobbie vorne neben mich und die drei andern auf den Rücksitz, und sehr oft begann dann Woosie, anstatt wie die andern brav und ruhig zu sitzen, eine seiner geliebten Raufereien.

Es ist äußerst unangenehm, einen Wagen zu lenken, in dem Hunde sich raufen. Ich kann mir jedenfalls nichts Unangenehmeres und Aufregenderes vorstellen. Wenn man den Wagen anhält und die Hunde rauslässt, dann riskiert man es, dass sie überfahren werden. Wenn man ihn anhält und sie nicht rauslässt, riskiert man es, selbst, mehr oder weniger zerkratzt und blutig, aussteigen zu müssen. Anhalten muss man auf jeden Fall, und ich pflegte den Wagen so vorsichtig, wie es mir unter diesen Umständen nur möglich war, ganz nahe an den Straßenrand zu lenken – damit wir wenigstens vor Zusammenstößen mit anderen Autos sicher waren – und mich dann umzudrehen und durch energische Klapse und Scheltworte zu versuchen, die kämpfende Meute voneinander zu trennen.

Knobbie beteiligte sich niemals an diesen Raufereien, sondern verkroch sich im Gegenteil, sobald eine im Gange war, ganz in ihre Ecke und verzog schmerzlich das Gesicht. Chunkie fing zwar niemals einen Streit an, aber wenn einer ausgebrochen war, konnte er nicht widerstehen, mitzumachen; und hatte er sich erst mal in eine Schlägerei mit eingelassen, dann kämpfte er mit einer Zähigkeit und einem Spaß an der Sache, dass ich es mit der Angst bekam, weil ich befürchtete, dass sein strammer kleiner Bauch durch die scharfen Zähne eines seiner beiden wildgewordenen Söhne einen Riss bekommen könnte. Aber er kam immer heil davon, und auch von uns andern wurde niemals jemand ernstlich verletzt, obwohl man nach dem Lärm und der Heftigkeit des Kampfes hätte annehmen können, dass niemand mehr lebendig aus dem Wagen herauskommen würde. Auf dem Nachhauseweg aber herrschte Friede, weil sie sich inzwischen draußen ausgetobt hatten und nun müde waren.

Aber um diesen Zustand der Erschöpfung zu erreichen, mussten sie sehr ausgiebig bewegt werden. Von allen Hunderassen sind die Terrier bestimmt die lebhaftesten. Um dem ihrem Wachsen entsprechenden größeren Bedürfnis nach Bewegung gerecht zu werden, mussten wir unsere Spaziergänge täglich länger ausdehnen. Und wenn ich mich nicht daran beteiligte, sondern mich einfach auf einen Baumstumpf setzte, während sie einander jagten, dann ließen sie augenblicklich davon ab, kamen auf mich zu und setzten sich auch – jaulend und vor Ungeduld japsend, wieder loszusausen, und ruhten nicht eher, als bis ich mich erhob und weiterging.

Es war furchtbar ermüdend. Sie waren am Allerheiligentag geboren, und jetzt, mit ihren sechs Monaten, konnten sie kein Ende finden, sich in der warmen Mailuft herumzutummeln. Für mich war es nicht so leicht, in diesem südlichen Frühling noch so viel Aktivität aufzubringen. Aber das machte ihnen nichts aus, und von der leichtfüßigen und anmutigen Knobbie angeführt, rannten sie, gefolgt von dem kurzbeinigen, aber nie erlahmenden Chunkie, über die Felder dahin, als ob es so etwas wie Hitze überhaupt nicht gäbe, während ich, weit hinten, ihnen mehr nachkroch als ging und schon zufrieden war, wenn ich die vier kleinen weißen Gestalten nicht aus dem Auge verlor.

Für mich war der schönste Moment unserer Ausflüge der, wenn wir endlich zu unserm Auto zurückkamen. Dann sank ich, nachdem ich sie alle sicher hineinbugsiert hatte, mit einem Seufzer der Erleichterung auf meinen Führersitz und dankte Gott, dass ich für den Rest des Tages nicht mehr weiterzulaufen brauchte. Dennoch fühlte ich mich für diese täglichen Anstrengungen reichlich belohnt. Sie erhielten mir meine Spannkraft und meine Leichtigkeit und verhinderten, dass mein Rücken jene Krümmung annahm, die keinem Menschen zur Zierde gereicht; sie sorgten dafür, dass ich nicht kurzatmig und korpulent wurde; und überdies lehrten sie mich, wie köstlich es sein kann, still zu sitzen.

»Man hat uns erzählt«, schrieben meine Bekannten, »du wärst so dünn geworden. Solche Magerkeit steht Dir bestimmt nicht. Natürlich sind Deine Hunde daran schuld.«

Nein, alles in allem machten sie mir keinen Kummer, nur Woosie war noch immer derselbe kleine Teufel geblieben; aber als er starb, schmerzte es mich doch. Und sein Tod war mir deshalb nicht weniger schmerzlich, als er ihn selbst durch seine Unachtsamkeit und seinen Ungehorsam verursacht hatte.

Woosie zeigte schon von frühester Jugend an eine ausgesprochene Abneigung dagegen, irgendjemandem zu gehorchen. Ich mochte pfeifen, bis mir der Atem ausging, ihn rufen, ihm drohen, ihn bitten und anflehen: Er beschäftigte sich weiter mit dem, was ihn gerade interessierte, und tat so, als ob ihn das alles nichts anginge. Wenn ich ihn schließlich eingefangen hatte – die einzig mögliche Methode, seiner habhaft zu werden –, drohte ich ihm mit der Peitsche, worauf er beißen wollte und es manchmal sogar auch tat; und wenn ich ihn, um ein weiteres Ausreißen zu verhindern, an die Leine nahm, setzte er sich hin und weigerte sich störrisch, mitzugehen. Ich brachte es nicht über mich, ihn hinter mir herzuzerren; das wusste er ganz genau und rührte sich daher nicht von der Stelle, bis ich, zu guter Letzt nachgebend, ihn losmachte und trotz seines wütenden Strampelns und Schnappens hochnahm und eine Weile auf dem Arm trug – nur um ihm zu beweisen, dass er mit uns zu kommen und sich nicht selbstständig zu machen und in Gefahr zu begeben hätte.

Aber was nützte das schon? Kaum hatte ich ihn wieder niedergesetzt – und ich musste das sehr bald tun, denn niemand kann einen sich wehrenden strampelnden Hund lange tragen –, schoss er schon wieder davon, und oft verlockte er Winkie, der sonst so ungewöhnlich gehorsam war, ihm nachzujagen. Doch Winkie konnte ich jederzeit zurückpfeifen. Er war eigentlich nur glücklich, wenn er mich in seiner Nähe wusste, und obwohl er, nachdem ich die Wagentür aufgemacht hatte, in der ersten Begeisterung über die wiedergewonnene Bewegungsfreiheit mit den anderen davonraste, war er doch der Einzige, der hin und wieder stehen blieb und sich nach mir umsah, ob ich auch nachkäme, sodass er, ebenso wie seine erfahrenen Eltern, beim Überqueren einer Straße keine Gefahr lief, denn wenn er auch als Erster ankam, er wartete immer, bis ich auch da war, und lief erst auf meinen Befehl schnell auf die andere Seite.

Woosie hingegen dachte gar nicht daran, auf mich zu warten oder sich beim Überqueren der Straße zu beeilen. Im Gegenteil, er, dem sonst nie etwas schnell genug gehen konnte, überquerte eine Straße mit geradezu aufreizender Langsamkeit. Zuweilen blieb er mitten auf dem Fahrdamm stehen und schnüffelte interessiert auf dem Boden herum, als ob es solche Dinge wie um die Ecke sausende und mit rücksichtsloser französischer Unverschämtheit auf ihn zuschießende Autos gar nicht gäbe.

Das war sein Verderben. Eines Tages, als ich mit den anderen Hunden wie gewöhnlich über eine unbelebte Straße lief, blieb er wie gewöhnlich in der Mitte zurück. Auf der anderen Seite angekommen, rief und pfiff ich wie gewöhnlich nach ihm, und wie gewöhnlich nahm er keine Notiz davon. Es war nur eine Landstraße zweiter Ordnung, auf der ich bisher noch nie ein Auto gesehen hatte. Daher ging ich auch nicht sofort zurück, um ihn zu holen, wie ich es auf einer Hauptverkehrsstraße getan haben würde, sondern ging ein paar Schritte auf die Heckenrosen am Feldrain zu und bat ihn nur, doch ein guter Hund zu sein und zu kommen. Und diese wenigen Schritte genügten schon, um es unmöglich zu machen, noch rechtzeitig zu ihm zu gelangen, um ihn vor einem um die Ecke rasenden Auto zu retten.

Es war schon geschehen, bevor ich die Straße wieder erreichte, und unbekümmert darum, was es angerichtet hatte, setzte das Auto seinen Weg fort. Woosie lebte noch, aber ohne Bewusstsein. Ich hob ihn auf und fuhr in wahnsinnigem Tempo zum nächsten Tierarzt, den Verunglückten neben mir, während die drei anderen Hunde sich, richtig erschrocken, in einer Ecke auf dem Rücksitz zusammendrängten.

Unterwegs kam das arme Tier wieder zu sich, und das war furchtbar. Ich musste das Tempo mäßigen, um durch das Schütteln des Wagens seine Qualen nicht noch zu vermehren, und es schien mir, als sollten wir nie zu dem Tierarzt kommen. Verzweifelt malte ich mir aus, was geschehen würde, wenn der Tierarzt nicht da wäre. Ich bin oft in meinem Leben dankbar gewesen, sehr, sehr dankbar, aber niemals habe ich ein so tiefes Gefühl der Dankbarkeit empfunden wie in jenem Augenblick, als ich erfuhr, dass der Mann zu Hause war.

Gemeinsam trugen wir meinen armen kleinen Hund

auf den Operationstisch, wo er, inzwischen etwas ruhiger geworden, so liegen blieb, wie wir ihn hingelegt hatten, die Augen auf mich gerichtet, auf die er, als er noch gesund war, so wenig gehört hatte. In diesem letzten schrecklichen Augenblick war ich seine einzige Hoffnung – was für eine armselige Hoffnung! Ich konnte nichts anderes tun als seinen armen Kopf streicheln und ihm zuflüstern – während ich im Stillen nur den einzigen Wunsch hatte, dass der Tierarzt seinen Leiden so schnell wie möglich ein Ende machen solle –: »Bald wird es dir wieder bessergehen, Liebling, viel, viel besser …«

Er schien es zu verstehen und auch zu glauben. Er wandte seine Augen nicht von mir, bis das tödliche Mittel, das der Tierarzt ihm gab, sie allmählich trübte. Er hätte nicht weiterleben können, seine Verletzungen waren zu schwer. Und was, fragte ich den Tierarzt, als alles vorüber war, hielt er von den Leuten im Auto, die genau wussten, was sie angerichtet hatten – denn ich hatte gesehen, wie sie sich umdrehten und zurückblickten –, und trotzdem unbekümmert weiterfuhren? Ob er glaube, dass es für solche Leute irgendeine Entschuldigung gäbe?

Er zuckte die Schultern. »Après tout, Madame«, sagte er, »ce n'est qu'un chien.«

Es schien mir, als ich mit Woosie, den ich in ein von dem Tierarzt erbetenes Tuch eingeschlagen hatte – mit Woosie, der im Leben nie still gewesen und nun für immer verstummt war –, heimfuhr, dass das Leben voller Grausamkeit und Leiden war und dass der Tod die einzige Erlösung davon bedeutete. Ich hatte das Leben immer hoch geschätzt – denn von wenigen Schicksalsschlägen abgesehen war es mir immer gutgegangen –, aber nun begann ich, den Tod als etwas Wunderschönes zu empfinden. Er machte allem ein Ende, aller Qual und allem Leid. Wahrscheinlich werden Menschen, die immer ein sorgloses und bequemes Leben geführt haben, meine Gedankengänge während jener Heimfahrt für krankhaft und übertrieben halten, aber ich glaube, dass sie der Wahrheit näherkamen. Und als ich das tote kleine Tier, das noch vor einer Stunde so voller Lebensfreude gewesen war, nun so kalt und reglos zu meinen Füßen liegen sah, war ich nur von dem einzigen Wunsch beseelt, seine Verzeihung zu erbitten und die aller armen hilflosen Geschöpfe, denen die Menschen durch ihre Unbarmherzigkeit so viel Böses zufügen.

Unterwegs traf ich einen Esel – ein mageres, elend aussehendes Tier, das, mühsam dahintrottend, mit seinen letzten Kräften einen mit Waren beladenen Wagen zog und von einem dicken Mann zur Eile angetrieben wurde. Aber alle Anstrengung half ihm nichts, er wurde doch geschlagen – hart und oft! Und als ich mir das Gesicht des Kutschers betrachtete, dachte ich, dass das Leben für einen abgearbeiteten Esel, einen getretenen Hund und eine misshandelte Katze eine wahre Hölle wäre.

Doch zu Hause angekommen, umgab mich der himmlische Frieden eines südlichen Sommerabends. Hölle – hatte ich gedacht –, nein, das war eine Übertreibung. Die Sonne war schon untergegangen, aber am Horizont schimmerte es noch golden. Die Esterels mit ihren zackigen Gipfeln hoben sich als dunkle Silhouette von einem noch hellen Himmel ab. Die Zypressen standen so ernst und feierlich da wie lebende Denkmäler zur Ehre Gottes; und über der Landschaft lag eine so andächtige Stille, dass es schien, als spräche die ganze Welt um diese Stunde ihr Nachtgebet. Aber das tat sie nicht. Jene Leute, die mit ihrem Auto Woosie getötet hatten, mussten inzwischen Monte Carlo erreicht haben und taten jetzt vermutlich etwas ganz anderes als beten; und in den Bauernhäusern, deren Fenster nach und nach aufleuchteten, gab es nach Ansicht ihrer Bewohner wenig Grund, Gebete zum Himmel zu schicken.

Aber in was für einer Welt lebten wir denn eigentlich, fragte ich mich verwirrt und bestürzt. War ihre Schönheit nur ein bloßer Hohn? Nichts als ein schlechter Scherz, den man sich mit Gottes hilflosen Geschöpfen erlaubte? War sie nur wie ein schützender Mantel über eine Welt des Schreckens gebreitet, sodass, wenn ein Zipfel gelüftet wurde, etwas so Furchtbares zu sehen war, so viel Leiden und Grausamkeit, dass niemand seinen Frieden wiederfinden konnte?

Der Gärtner half mir Woosie begraben. Wir begruben ihn schweigend – er stellte keine Fragen, und ich gab keine Erklärung ab. Als wir das kleine Grab zugeschaufelt hatten, war die kurze südliche Dämmerstunde vorüber, und die Sterne kamen hervor.

»Fleckenlose Reinheit – göttliche Harmonie ...«

Oh, diese Poeten!

Meine anderen drei Hunde waren mir nun fast schmerzlich ans Herz gewachsen. Nicht, dass ich irgendwelche

Besorgnisse hegte, dass sie Woosies Schicksal teilen könnten, denn Knobbie und Winkie gehorchten mir aufs Wort, und wenn Chunkie auch nicht immer gleich im ersten Augenblick tat, was er sollte, so benahm er sich doch beim Überqueren der Straßen so verständig, dass ich nicht um ihn bangen musste; aber nach Woosies Tod schienen wir uns alle in ungetrübter Harmonie noch enger zusammenzuschließen. Raufereien gehörten nur mehr der Vergangenheit an. Ich hatte es nicht mehr nötig zu schelten, geschweige denn mit der Peitsche zu drohen. Und Winkie entwickelte in dieser Atmosphäre friedlicher Eintracht eine so erstaunliche Intelligenz und ein so rasches Auffassungsvermögen, dass er wirklich ein außergewöhnlicher Hund zu werden versprach.

So war zum Beispiel sein Benehmen in einer höchst schwierigen und unangenehmen Situation tatsächlich außergewöhnlich. Ich wachte eines Nachts davon auf, dass ich hörte, wie er aus seinem Korb kletterte und zu schlucken, aufzustoßen und zu würgen begann, alles Anzeichen, die darauf hindeuteten, dass ihm übel war und dass er sich übergeben wollte. Da ich gerade einen neuen Teppich gekauft hatte, wurde ich völlig kopflos und lief wie ein aufgescheuchtes Huhn im Zimmer umher, von der Balkontür zur Tür, die in den Korridor führte, ohne einen Entschluss fassen zu können – obwohl ich nichts anderes dachte, als dass Winkie schleunigst aus dem Zimmer müsse. Er aber drehte sich, trotzdem er von heftigem Aufstoßen geplagt wurde, zu mir um und sah mich mit einem so sprechenden Blick an, als ob er sagen wollte: »Reg dich nicht auf – das ist meine Angelegenheit!«, und ging dann schluckend, aber mit klarem Kopf in mein Badezimmer, wo er sich vor den Waschtisch hinstellte und sich bedächtig und vorsichtig nur in das Becken übergab.

Ich meine, es ist nur zu begreiflich, dass einem ein so verständiger Hund besonders teuer ist. Und Winkie besaß, außer seiner Klugheit und Selbstbeherrschung, noch den Vorzug, ausschließlich mich zu lieben. Es ist etwas Wunderbares, ausschließlich geliebt zu werden! Wann immer es mir geschah, empfand ich es als unendlich beglückend. Und Winkie blieb mir sein ganzes Leben lang treu, so treu wie ein guter Ehemann, der über der geliebten Frau alle anderen vergisst.

Nur selten wandte er seine schönen sprechenden Augen von mir ab. Wenn er sich schlafen legte und sie schließen musste, blieb der Gedanke an mich in seinem Herzen noch so lebendig, dass er sie bei meiner geringsten Bewegung sogleich wieder öffnete und mich forschend ansah, als wollte er mich fragen, ob er irgendetwas für mich tun könne; und wohin ich immer ging, begleitete er mich, und wenn ich irgendwo saß, setzte er sich neben mich und legte den Kopf in meinen Schoß.

Ja, ich hing sehr an ihm. Von allen meinen Hunden, Coco nicht ausgenommen, habe ich ihn am meisten geliebt. Und ich sage das so, als ob meine Liebe der Vergangenheit angehörte, weil auch er mir durch den Tod entrissen wurde.

Dieses Buch weist genauso wie das Leben, je mehr es sich dem Ende zuneigt, immer neue Gräber auf; und es scheint, dass ein Hund, an dem man besonders hängt und auf den man besonders achtgibt, viel leichter stirbt als andere. Der Hund von meinem Milchmann, der niemals ein freundliches Wort zu hören bekommt und halb verhungert und immer angekettet ist, stirbt nicht; ein alter elsässischer Hund aus der Nachbarschaft, der sich immer auf die Straße legt, wird nicht überfahren, und der alte Jagdhund, der dem Briefträger gehört und der so schwach ist, dass er sich kaum noch bewegen kann, lebt immer noch weiter. Nur Winkie musste in der Blüte seiner Jugend sterben – Winkie, den ich so geliebt, gepflegt und gehütet habe –, er allein, von allen Hunden, die hier herumlaufen, fiel unter den Millionen Zecken, die auf Sträuchern und Grashalmen darauf lauern, sich in dem Fell der Hunde festzuhaken, der einen Zecke zum Opfer, die den Tod bringt. Und so gab es in meinem Leben wieder ein neues Grab.

Aber obwohl ich über seinen Tod sehr traurig war und Winkie lange Zeit sehr schmerzlich vermisste, so empfand ich doch nicht dieselbe Verzweiflung, die mich überkam, als Woosie starb. Winkies Tod löste keine Verbitterung in mir aus. Man kann eine Zecke nicht für ihr Tun verantwortlich machen. Zecken müssen auch leben, so wie wir alle, und die Natur hat es so eingerichtet, dass ihnen das nur möglich ist, wenn sie anderen tierischen Geschöpfen, vor allem den Hunden, das zu ihrem Leben nötige Blut aussaugen. Was bleibt einem da anderes übrig, als wachsam und unermütlich zu versuchen, in diesem Fall der Natur das Handwerk zu legen? Zecken gegenüber hat meine Einsicht und meine Ergebenheit in das Schicksal keine Grenzen, und ebenso grenzenlos ist die Geduld, mit der ich jetzt, nach der traurigen Lehre, die mir zuteilwurde, meine noch lebenden Hunde nach diesen unheilbringenden Parasiten absuche. Ich verfolge sie ohne jeden Rachegedanken, aber nichtsdestoweniger unerbittlich mit nie erlahmendem Eifer, sodass eine Zecke es schon schlau anstellen muss, um in Zukunft dem erbarmungslosen Zugriff meiner Pinzette zu entgehen.

Aber das gibt mir Winkie nicht zurück, und es tut mir weh, wenn ich daran denke, dass ich ihn hätte retten können, hätte ich zu seinen Lebzeiten den Zecken schon ebenso viel Beachtung geschenkt wie jetzt. Während dieser gefährlichen heißen Monate von April bis Oktober hätte ich meine Hunde niemals verlassen dürfen; da ich aber annehmen musste, dass alles mit ihnen in Ordnung wäre – denn sie fraßen, schliefen und spielten wie gewöhnlich, und dass Winkie nicht ganz so viel wie die anderen herumtollte, fand ich in dieser Hitze nur vernünftig von ihm –, ließ ich sie im Sommer eine kurze Zeit allein und machte einen Ausflug nach Korsika.

Wieso ich, die ich so häuslich bin, gerade damals im August auf den Gedanken kam, eine kleine Reise zu unternehmen, das lag daran, dass mein Geburtstag in den August fällt, und ein Geburtstag ist, wie ich in Pommern gelernt habe, ein sehr wichtiges Ereignis, das man nicht sang- und klanglos übergehen darf. Das hat sich mir so tief eingeprägt, dass es mir seither unmöglich ist, keine Notiz davon zu nehmen. Die Zeit verstreicht, ich werde immer älter, und doch überkommt mich jedes Jahr, wenn der August im Anzuge ist, eine freudige Unruhe, ein Gefühl der Erwartung und das Bedürfnis, meinen Geburtstag irgendwie festlich zu gestalten. Das ist Pommern, das sich dann so in mir bemerkbar macht, und ich kann nicht vergessen, dass es an diesem Tag, der sich von allen anderen Tagen unseres Lebens unterscheidet, sowohl unsere Pflicht wie unser Recht ist, etwas Außergewöhnliches zu unternehmen.

Infolgedessen überlege ich mir jedes Jahr ernsthaft, in welcher Richtung dieses Außergewöhnliche wohl liegen könne. Aber es kommen da nicht mehr sehr viele Möglichkeiten in Betracht, und die Auswahl ist vor allem auch deshalb so gering, weil ich allein lebe und keinen Mann und keine Kinder mehr um mich habe, die dafür sorgten, dass dieser Tag mit einem Kuchen und einem brennenden Lichterkranz festlich eingeleitet wird. Meinen vorletzten Geburtstag verbrachte ich, da ich keine Möglichkeit sah, diesen Tag besonders vergnügt und zugleich würdig zu feiern, schmollend im Bett; und als einige junge Globetrotter meiner Bekanntschaft – weibliche Globetrotter, denn es gibt solche beiderlei Geschlechts –, die gerade in Calvi waren, mich einluden, sie in dem, wie sie behaupteten, schönsten Badeort der Welt zu besuchen, nahm ich das als einen Wink des Himmels, der allen Überlegungen ein Ende machte, und fuhr, ohne einen Augenblick zu zögern, zu ihnen nach Korsika.

Korsika ist bei ruhigem Seegang in nur sechs Stunden von Nizza aus zu erreichen, und Nizza liegt nur eine Stunde weit von meinem Haus entfernt – und frohen Herzens reiste ich ab, um eine Woche lang mit anderen fröhlichen Menschen zusammen zu sein. Eine einzige

Woche lang, dachte ich, sollte ich doch meine Hunde der Obhut des Personals überlassen können – acht Tage, sollte man meinen, sind nur eine kurze Zeit –, aber für Winkie war es zu lange gewesen, und als ich wiederkam, war es bereits zu spät, um ihn noch zu retten.

Ahnungslos, wie ich war, dachte ich, dass seine auffallende Müdigkeit nur auf die Hitze zurückzuführen sei, und bat den Tierarzt, mir ein kräftigendes Mittel für ihn zu geben; doch als der Tierarzt ihn erblickte, untersuchte er sofort Winkies Zunge und Gaumen und sagte dann – in einem Ton des Entsetzens, dass es mich eisig überlief: »Mais c'est effrayant!«

Es sah wirklich schrecklich aus. Winkies Zunge und Gaumen waren fast schneeweiß, und der Tierarzt erklärte mir, dass er an der in dieser Gegend besonders gefürchteten Zeckenkrankheit litt, an der man langsam innerlich verblutet.

Ich möchte von Winkies Sterben keine Einzelheiten erzählen, es ist erst so kurze Zeit her.

Als ich gestern während des unerwarteten Regens bei Anbruch der Dunkelheit in den Garten hinaussah, blieben meine Augen auf dem Rasenfleck haften, wo wir die letzten wenigen Stunden, die er noch leben sollte, zusammen verbrachten; so schwach und müde hatte er da auf einem Stuhl gelegen und mit seinen traurig-ernsten Augen zu den Feldern hingeblickt, über die er niemals wieder laufen sollte – während ich neben ihm im Grase saß und seine kalte, blutlose Pfote in der Hand hielt. Um sechs Uhr war dann der Tierarzt gekommen und hatte ihn in die Ewigkeit hinüberschlummern lassen. Genau gestern vor zehn Wochen ist Winkie gestorben, und es muss noch mehr Zeit darüber vergehen, ehe ich weniger schweren Herzens daran zurückdenken kann.

Es tröstet mich nur, dass ich in der Lage war, ihm durch einen sanften, schnellen Tod unnütze Qualen zu ersparen, und dass er niemals richtige Schmerzen gekannt hat. Ich weiß, dass Winkie bis zu seinem Ende glücklich gewesen ist. Niemand hat ihn jemals gescholten. Vom ersten bis zum letzten Tag seines Lebens hat er nur gute und zärtliche Worte zu hören bekommen, und sein Tod war völlig schmerzlos. Wie ich ihn geheißen hatte, legte er gehorsam seinen Kopf in meinen Schoß, und dann kam der erlösende Schlaf.

Und damit ist meine Erzählung zu Ende. Zu Beginn erwähnte ich, dass ich vierzehn Hunde hatte, und da Winkie der vierzehnte war und ich sein kurzes Leben von dem Tag an aufgezeichnet habe, an dem er auf dem Sofa in meinem Schlafzimmer zur Welt kam, bis zu dem Tag, an dem er auf meinem Schoß gestorben ist, habe ich eigentlich nichts mehr zu sagen. Außer, dass Knobbie und Chunkie noch bei mir sind und dass die beiden Winkie sehr vermisst haben.

Während der ersten Tage nach seinem Tod sprangen sie allmorgendlich auf den Gartenstuhl, auf dem Winkie die letzte Zeit gelegen hatte, und spähten nach ihm aus, Knobbie nach der einen Seite und Chunkie nach der anderen. Stundenlang blieben sie dort sitzen und waren nur mit Mühe dazu zu bewegen, etwas zu fressen.

Bald darauf musste ich Knobbie für drei Wochen

zu meinem Freund geben, der sie zweimal jährlich bei sich aufnimmt, um sie vor Chunkies Nachstellungen in Sicherheit zu bringen.

Als Knobbie ihn auch verließ, war Chunkie zunächst sichtlich bestürzt und niedergeschlagen, und um ihn zu trösten und abzulenken, nahm ich ihn jeden Nachmittag ans Meer mit, da ich wusste, dass er fürs Leben gern badet und Löcher in den Sand buddelt. Und nach wenigen Tagen bemerkte ich zu meiner Freude, dass seine alte unverwüstliche Frohnatur, die ich immer so sehr an ihm bewundert habe, wieder zum Vorschein kam.

Was ich auch immer sein mag, Chunkie ist jedenfalls wirklich »resolut«. Er ist nach jeder Enttäuschung immer von neuem bereit, sich auf die einzig richtige Weise dem Leben gegenüber einzustellen.

Und was ist die einzig richtige Einstellung dem Leben gegenüber?

Was Chunkie anbetrifft: den Mut nicht sinken zu lassen und sieghaft fröhlich mit dem Schwanz zu wedeln.

Ein kluger und vernünftiger Hund, der aus dem, was er hat, das Beste macht, und sich über das, was ihm fehlt, nicht ärgert. Und als ich während jener Nachmittage an dem felsigen Meeresstrand darüber nachdachte, kam es mir in den Sinn, wie schnöde und erbärmlich es doch wäre, wenn ich mich gegen Prügel und Nackenschläge weniger vernünftig und standhaft zeigte als Chunkie.

Grund genug, ein neues Gelübde zu tun!

Erich Mühsam
Tante Paula

Die Hauptperson dieses Kapitels unsrer Lehre ist nicht Tante Paula selbst, sondern ihr Pudel Schwarz.

Tante Paula hatte nämlich einen Pudel, wie ja ältliche Damen, denen das Schicksal einen Ehegatten versagt hat, häufig in irgendeinem süßen Vieh Tröstung finden.

Außer Schwarz, dem Pudel, gab es jedoch auch einen Menschen, dem Tante Paula in zärtlicher Liebe zugetan war. Das war Eduard, ihr Neffe, dem sie ihre Würde als Tante verdankte und der sich dem trügerischen Glauben hingab, Tante Paula sei seine Erbtante.

Dass Schwarz und Eduard sich nicht vertrugen, versteht sich in einer Geschichte, in der eine Erbtante, ein Pudel und ein Neffe eine Rolle spielen, von selbst.

Freilich, wenn Tante Paula dabei war, dann wedelte Schwarz den Eduard scheinheilig an, und Eduard nahm aus jeder Tasche ein Stück Zucker und gab es mit liebevollen Worten dem reizenden Tierchen. Trafen sich aber die beiden in Tante Paulas Abwesenheit, dann erdröhnte das Haus von des Köters bösartigem Gebläff und seinem markerschütterndem Geheul, wenn ein Fußtritt Eduards ihn an die Schnauze getroffen hatte.

Gingen alle drei miteinander spazieren, so ging Tante

Paula, die sich bei einer erstaunlichen Schlankheit einer märchenhaften Länge erfreute, in der Mitte; zu ihrer Linken ging Eduard, zu ihrer Rechten Schwarz, die sich an der unteren Partie Tante Paulas vorbei hasserfüllte Blicke zuwarfen.

Es war der Hass der Eifersucht, den die beiden gegeneinander nährten. Und zwar war Schwarz auf Eduard eifersüchtig, weil er sich durch jedes Stückchen Zucker, das Eduard in seinen Kaffee warf, benachteiligt fühlte und weil er jeden zärtlichen Blick seiner Herrin, der Eduard traf, als ihm zugehörig betrachtete. Eduard aber blickte weiter in die Zukunft. Er wusste, dass er zwar der einzige Leibeserbe Tante Paulas war, er sah aber ein, dass ihre Liebe zu dem Pudel noch weit größer war als die zu ihm und dass die gute Tante daher nicht eher die Augen schließen würde, als bis sie auch den Hund zeitlebens versorgt wüsste. Ja, er fürchtete sogar, dass das Legat, das sie für die Pension Schwarzens aussetzen würde, noch bedeutender sein würde als das für ihn bestimmte.

Eduard kalkulierte, dass diesem Fürchterlichen nur dadurch vorgebeugt werden könne, dass der Hund vor Tante Paula das Zeitliche segnete. Da aber das Tier noch gesund und rüstig, die Tante dagegen schon runzlich war und bedenklich hüstelte, war es wünschenswert, den Köter baldmöglichst unschädlich zu wissen.

So reifte in Eduard ein schwarzer Plan.

Der tägliche Spaziergang Tante Paulas und ihrer beiden Getreuen führte sie über einen Steg, der ein tiefes Gewässer überbrückte. Hier sollte das Furchtbare vor sich gehen …

Es war ein Sonntagvormittag. Die Sonne spielte mit den Wellen des Bächleins, über den erwähnter Steg führte, Versteck, indem sie sich bald hinter den Wolken verkroch, bald hervorkam, um alles rundum in überquellender Zärtlichkeit zu küssen – kurz: Es war eine Stimmung, die ich schildern könnte, wenn ich erstens die Begabung eines Lyrikers und zweitens die Zeit eines Rentiers besäße. Da beides nicht der Fall ist, begnüge ich mich mitzuteilen, dass in diese Stimmung Tante Paula mit den beiden Herzensfreunden würdig gemessenen Schrittes hineintrat.

Eduard gab seiner Freude über das herrliche Wetter und die schöne Gegend in übersprudelnder Lebendigkeit Ausdruck. Er wies die gerührte Tante auf die grünen Abhänge hin, die steil ins Wasser hinabliefen, und zeigte ihr eine Stelle, wo eine große Menge Vergissmeinnicht leicht erreichbar blühten.

Tante Paula flog mit entzücktem Aufschrei darauf zu, ein Sträußlein zu pflücken. Darauf aber hatte der hinterlistige Erbe gewartet. Er versetzte dem Pudel, der bis dahin teilnahmslos nebenher getrottet war und sich die Zeit mit Fliegenschnappen anmutig vertrieben hatte, hinter Tante Paulas Rücken einen Fußtritt in die Flanke, dass Schwarz laut aufquiekend ins Wasser stürzte.

Beinah wäre Tante Paula vor Schreck dasselbe passiert. Sie vermied es aber und warf sich lieber dem ungetreuen Eduard zu Füßen, den sie schluchzend anflehte, das arme Vieh zu retten, das heulend herumschwamm und vergebens versuchte, die steile Böschung hinaufzuklettern.

Eduard hielt der unglücklichen Tante einen langatmigen Vortrag, in dem er ihr klarzumachen suchte, dass die Rettung des Hundes nur mit eigner Lebensgefahr vollzogen werden könne. Aber Tante Paula hörte nur das Jammergeheul Schwarzens und beschwor ihn nur immer heftiger, das gute Tierchen nicht ertrinken zu lassen. Umsonst.

Da zog sie andere Saiten auf. Sie befahl. Und als das noch nicht half, schrie sie ingrimmig: »So enterbe ich dich, Herzloser!« Das half.

Eduard dachte an Schillers Taucher und war mit einem kühnen Satz im Wasser. Er schwamm auf den Hund los, und als er ihn eben beim Halsband gefasst hatte – nicht um ihn aus dem Wasser zu ziehen, sondern um ihn das Maul so lange unterzutauchen, bis die Luft wegbliebe, da schnappte Schwarz zu, biss ihm tief in die Hand und rettete sich selbst durch einen kühnen Satz hinauf zu Tante Paula, die in ihrer maßlosen Freude, ihr Hündchen wiederzuhaben, nicht bemerkte, wie Neffe Eduard inzwischen verblutete und ertrank.

Als man ihr später die Leiche ins Haus brachte, ließ sie gerührt einen Leichenstein meißeln mit der Aufschrift: »Dem tapferen Retter meines geliebten Hündchens, der sich mir und meinem Pudel zuliebe aufopferte, in Dankbarkeit Tante Paula.«

Schwarz aber ward Universalerbe. Und als er starb, ward aus Tante Paulas Vermögen eine »Eduard-Schwarz-Stiftung zur Rettung Schiffbrüchiger«.

Maurice Maeterlinck
Über den Tod eines kleinen Hundes

Dieser Tage habe ich eine kleine Bulldogge verloren. Der Rüde hatte gerade erst den sechsten Monat seines kurzen Lebens vollendet. Er hat keine eigene Geschichte gehabt. Seine klugen Augen haben sich geöffnet, um die Welt zu betrachten und die Menschen zu lieben, und sich im Angesicht der ungerechten Geheimnisse des Todes wieder geschlossen.

Ich hatte ihn von einem Freund geschenkt bekommen, der ihm – vielleicht als Antiphrase – den recht unerwarteten Namen Pelleas gegeben hatte. Warum hätte ich ihn umtaufen sollen? Entehrt ein armer, liebender, ergebener und loyaler Hund den Namen eines Menschen oder imaginären Helden?

Pelleas hatte eine große, kräftige, gewölbte Stirn, genau wie Sokrates oder Verlaine. Unter einer kleinen schwarzen Nase, die so zerknautscht war, dass sie Unzufriedenheit auszudrücken schien, hingen symmetrische große Lefzen, die dem Kopf eine dreieckige Form verliehen und ihn bedrohlich, massiv, eigensinnig und nachdenklich erscheinen ließen. Er war schön wie ein schönes, natürliches Monster, das sich streng an die Gesetze seiner Art hält. Und er hatte dieses Lächeln voll aufmerksamen Gehorsams, unkorrumpierbarer Unschuld und zugewandter Unterwerfung, grenzenloser Anerkennung und völliger Hingabe, das die Maske bewundernswerter Hässlichkeit bei der kleinsten Liebkosung aufleuchten ließ. Wo entsprang eigentlich dieses Lächeln? In den treuherzigen, rührenden Augen? Den auf die Worte der Menschen gerichteten Ohren? Der Stirn, die im Versuch, zu verstehen und zu lieben, ganz glatt wurde? Den vier winzigen, weißen, aus dem Maul ragenden Zähnen, die vor den schwarzen Lippen freudig leuchteten? Oder dem brüsk geknickten Schwanz, der – wie bei dieser Rasse üblich, von einem Bein ans andere schlug, um die leidenschaftliche Freude dieses kleinen, glücklichen Wesens darüber auszudrücken, einmal mehr Hand und Blick jenes Gottes zu begegnen, dem es sich verschrieben hatte?

Pelleas wurde in Paris geboren, und ich nahm ihn aufs Land mit. Große Pfoten, die noch nicht endgültig geformt und gefestigt waren, trugen auf den unbekannten Wegen seines neuen Lebens träge seinen riesigen, gravitätischen Kopf, der platt und gedankenschwer wirkte. Dieser unansehnliche und ein wenig traurige Kopf begann nun, wie der eines überforderten Kindes, mit jener deprimierenden Tätigkeit, die jedes Gehirn am Beginn des Lebens zu erdrücken droht. In weniger als sechs oder sieben Wochen musste dieser Kopf eine zufriedenstellende Repräsentation und Vorstellung des

Universums bilden. Mit Hilfe der wissenschaftlichen Erkenntnisse seiner Vorfahren und Mitmenschen benötigt der Mensch dreißig oder vierzig Jahre, um diese Vorstellung zu generieren oder vielmehr um diese herum, wie um einen Wolkenpalast, das Bewusstsein der eigenen Unwissenheit zu entwickeln. Doch der arme Hund musste sie binnen einiger Tage erschaffen. Hätte sie, in den Augen eines allwissenden Gottes, nicht beinahe dasselbe Gewicht und denselben Wert wie die unsere?

Pelleas musste also die Erde studieren, in der man scharren und graben kann und unter der manchmal überraschende Dinge zum Vorschein kommen: Regenwürmer, weiße Würmer, Maulwürfe, Feldmäuse, Grillen. Er musste nur einen Blick hinauf zum – in Ermangelung essbarer Bestandteile uninteressanten – Himmel werfen, um für immer demütig zu sein. Er musste das Gras kennenlernen, das wunderbare grüne Gras, biegsam und frisch, Rennbahn und Spielfeld, behütendes Lager und grenzenloser Raum, in dem sich auch die gute Quecke versteckt, die so gesund für ihn war. Er musste Tausende dringende und neugierige Entdeckungen machen. Zum Beispiel musste er, nur geleitet vom Schmerz, lernen, die Höhe einzuschätzen, aus der man herunterspringen kann. Er musste sich davon überzeugen, dass es sinnlos ist, wegfliegende Vögel zu verfolgen, und dass man keine Bäume hochklettern kann, um Katzen zu fangen, die einen von oben herab verhöhnen. Er musste lernen, die sonnenbeschienenen Fleckchen, an denen man wunderbar schlummern kann, vom kühlen Schatten zu unterscheiden. Er musste erstaunt feststellen, dass es in den Häusern nicht regnet und dass das Wasser kalt, unbewohnbar und gefährlich ist, während das Feuer aus einiger Entfernung wohltuend, aus der Nähe jedoch schrecklich ist. Er musste lernen, dass Weideflächen, Bauernhöfe und auch manche Wege von gigantischen Kreaturen mit bedrohlichen Hörnern bevölkert werden – Monster, die vielleicht gutmütig und in jedem Fall schweigsam sind und die man ungestört beschnüffeln kann, die allerdings ihre Gedanken für sich behalten. Er musste nach einigen peinlichen Erfahrungen feststellen, dass es ihm nicht gestattet war, allen Naturgesetzen jederzeit Folge zu leisten. Er sollte erkennen, dass die Küche der beste und angenehmste Ort auf Gottes Erde ist, auch wenn man sich dort nur dank der sehr mächtigen und wachsamen Köchin aufhalten durfte. Er musste lernen, dass Türen machtvolle, launische Kräfte sind, die manchmal ins Glück führen, meist aber hermetisch geschlossen, stumm und starr, hochmütig und herzlos und allem Flehen unzugänglich sind. Er musste sich ein für alle Mal eingestehen, dass die wichtigsten Dinge des Lebens, die unbestreitbaren Glücksmomente, sich normalerweise in Töpfen befinden und deshalb unerreichbar sind. Er musste deshalb lernen, diese mit einer mühsam erarbeiteten Gleichgültigkeit zu betrachten, sie ignorieren und sich einreden, es handele sich vielleicht um heilige Gegenstände – denn es genügte, sie kurz und respektvoll mit der Zunge zu berühren, und schon brach der einhellige Zorn aller Götter des Hauses über ihn herein.

*

Und was war von dem Tisch zu halten, auf dem so viele mysteriöse Dinge geschahen? Um ihn herum standen ironische Stühle, auf denen man nicht schlafen durfte. Wenn man die Teller endlich hingestellt bekam, waren sie bereits leer. Was war mit der Lampe, welche die Dunkelheit vertrieb, und mit dem Kamin, der die kalten Tage verdrängte? Nichts als Befehle, Gefahren, Verbote, Probleme und Rätsel, die man im bereits überladenen Gedächtnis ordnen musste! Und wie sollte man all dies mit anderen Gesetzen, mit größeren, mächtigeren Rätseln in Einklang bringen, die man in sich selbst trug, im eigenen Instinkt, und die sich von Stunde zu Stunde manifestierten und entwickelten? Sie stammten aus den Tiefen der Zeit und der Rasse, vereinnahmten Blut, Muskeln und Nerven und waren manchmal stärker als der Schmerz und sogar stärker als die Befehle des Herrchens und die Angst vor dem Tod. Um nur ein Beispiel zu nennen: Wenn für die Menschen Schlafenszeit war, zog man sich in seine Nische zurück, umgeben von Dunkelheit, Stille und der wunderbaren Einsamkeit der Nacht. Im Haus des Herrchens schliefen alle. Man fühlte sich sehr klein und schwach in Gegenwart des Geheimnisses. Man wusste, dass die Schatten von Feinden bevölkert sind, die umherschlichen und warteten. Man misstraute den Bäumen, dem Wind und den vereinzelten Lichtstrahlen. Man wollte sich verstecken, sich vergessen machen und den Atem anhalten. Und doch musste man wachen, beim geringsten Geräusch den Rückzugsort verlassen, sich dem Unsichtbaren entgegenstellen und die mächtige Stille der Sterne stören – all dies in dem Risiko, sich selbst zum Objekt des lauernden Unglücks oder Verbrechens zu machen. Wer auch immer der Feind war – und sei es ein Mensch und damit ein Bruder jenes Gottes, den es zu verteidigen galt –, man musste ihn blind angreifen, ihm an die Gurgel springen, die Zähne hineinschlagen in das menschliche Fleisch, jene Hand und jene Stimme vergessen, die der Hand und der Stimme des Herrchens so ähnlich waren. Man durfte nie schweigen, nie fliehen, sich nie in Versuchung führen lassen und musste, verloren in der ausweglosen Nacht, heldenhaft bis zum letzten Atemzug Alarm schlagen. Dies war die große, von den Ahnen vererbte Aufgabe, die wichtigste aller Aufgaben, stärker als der Tod, eine Aufgabe, die selbst Wille und Wut des Menschen nicht überwinden konnten. Unsere gesamte Geschichte ist mit der des Hundes verbunden seit den ersten Kämpfen gegen alles, was atmete. Im primitiven Gedächtnis unseres Freundes aus schweren Zeiten erstand diese einfache und schreckliche Geschichte jede Nacht von neuem auf. Wenn es vorkam, dass wir ihn an unseren sichersten Zufluchtsorten hart bestraften, warf er uns einen erstaunten, vorwurfsvollen Blick zu, um anzuzeigen, dass wir einen Fehler machten und er, falls wir den wichtigsten Satz jenes Vertrags vergaßen, den er mit uns geschlossen hat, als wir noch in Höhlen, Wäldern und Sümpfen lebten, diesem Pakt dennoch treu bleiben würde. Damit befand er sich näher an der ewigen Wahrheit des an Fallstricken und feindlichen Kräften so reichen Lebens.

*

Doch wie viele Mühen und Studien waren nötig, um diese Aufgabe klug zu erfüllen! Ist sie doch seit der Zeit der stillen Höhlen und großen, leeren Seen immer komplizierter geworden! Damals war es so einfach, klar und leicht! Alles, was sich beim Blick aus der einsamen Höhle am Horizont, in der Ebene oder am Waldrand regte, war zweifelsohne ein Feind! Nun aber wusste man das nicht mehr so genau … Man musste sich auf eine Zivilisation einstellen, die man nicht guthieß; so tun, als verstünde man Tausende unverständliche Dinge. Heute gehörte dem Herrchen offensichtlich nicht mehr die ganze Welt; sein Besitz war auf unerklärliche Weise begrenzt. Deshalb musste man zunächst unbedingt wissen, wo der heilige Bereich begann und endete. Was durfte man dulden, was musste man verbieten? Diesen Weg hier durfte jeder gehen, selbst der Arme. Warum? Das wusste man nicht. Man bedauerte es, musste es aber akzeptieren. Doch hier war zum Glück der schöne, eigens reservierte Pfad, den niemand sonst beschreiten durfte. Dieser Weg folgte den gesunden Traditionen. Es war wichtig, ihn nicht aus den Augen zu verlieren. Auf ihm gelangten die komplizierten Probleme ins alltägliche Leben.

Wünschen Sie ein Beispiel? Man schlief ganz ruhig im Sonnenschein, der die Schwelle zur Küche mit fröhlich tanzenden Staubperlen bedeckt. Porzellandosen drängten sich auf mit Rüschenpapier ausgelegten Regalen so eng, dass sie hinabzufallen drohten. Kupfertöpfe warfen

Lichtreflexe auf die weißen, glatten Wände. Der mütterliche Ofen summte sanft. Drei Töpfe mit tanzenden Deckeln standen darauf. Durch das kleine Loch in der Ofenklappe, das den guten Hund neckte, der sich doch fernhalten musste, leckte eine Flammenzunge. Die Uhr, die sich in ihrem Eichenschrank langweilte, während sie auf die ehrenvolle Aufgabe wartete, die nächste Mahlzeit anzukündigen, stellte ihren dicken goldenen Bauchnabel zur Schau und verdeckte ihn im nächsten Moment wieder. Die heimtückischen Fliegen störten mit ihrem Lärm. Auf dem Tisch ruhten ein Hühnchen, ein Hase und drei Rebhühner neben anderen wertlosen Dingen, die man Obst und Gemüse nennt – Erbsen, Bohnen, Pfirsiche, Melonen, Trauben. Die Köchin nahm einen großen silbernen Fisch aus und warf die Innereien in den Mülleimer (statt sie dem Hund anzubieten). Ach, der Mülleimer! Unerschöpfliche Schatztruhe, segensreicher Behälter, Juwel des Hauses! Man profitierte heimlich davon, durfte aber nicht zeigen, dass man seinen Standort kannte. Denn es war streng verboten, darin herumzuwühlen. Der Mensch verbat viele angenehme Dinge, und das Leben wäre freudlos, die Tage nackt gewesen, wenn man sich an alle Verbote gehalten hätte, die im Büro, Keller und Esszimmer galten. Zum Glück war der Mensch zerstreut und erinnerte sich nicht lange an die Befehle, die er erteilte. Zumal er leicht zu täuschen war. So gelangte man schließlich doch zum Ziel und konnte tun, was man wollte, solange man geduldig war und den rechten Zeitpunkt abwartete. Man war dem Menschen unterworfen und er war der einzige Gott, aber man hatte doch seine ganz persönliche, exakte, unerschütterliche Moral, die laut hörbar verkündete, dass die verbotenen Taten allein dadurch erlaubt sein würden, dass sie ohne Wissen des Herrchens geschahen. Deshalb schlossen wir nun das aufmerksame Auge, das alles sah, und taten, als schliefen wir und träumten vom Mond. – Halt! Es klopfte sanft an das blaue Fenster, das zum Garten hin zeigt. Was war los? – Nichts, nur ein Weißdornast, der sehen wollte, was wir in der Küche machten. – Die Bäume waren neugierig und oft aufgeregt, aber sie sind bedeutungslos, wir hatten ihnen nichts zu sagen, sie waren verantwortungslos und gehorchten dem undisziplinierten Wind. – Was jetzt? Ich hörte Schritte! Schnell aufgestanden, die Ohren gespitzt und gewittert! – Nein, es war der Bäcker, der zum Zaun ging, während der Briefträger eine kleine Klappe an der Linde öffnete. Die beiden waren mir bekannt, alles war in Ordnung. Sie brachten etwas, also konnte man sie begrüßen, und begleitet von einem behütenden Lächeln wackelte der Schwanz zwei oder drei Mal. Schon wieder Alarm! Was war jetzt los? Ein Wagen hielt vor der Einfahrt. Ah! Das war schon schwieriger. Es war jetzt vor allem wichtig, die Pferde zu beleidigen, diese großen, stolzen Tiere, die ständig zurechtgemacht waren, immer schwitzten und einem nie Antwort gaben. Dabei betrachtete man aus dem Augenwinkel die Personen, die aus dem Wagen stiegen. Sie waren gut angezogen und wirkten selbstsicher. Wahrscheinlich würden sie sich zu den Göttern an den Tisch setzen. Jetzt war es angebracht, ein wenig zu bellen, aber respektvoll, um zu zeigen, dass man seiner Aufgabe mit der angemessenen Intelligenz nachkam. Dennoch hegte man einen gewissen Verdacht. Hinter dem Rücken der Gäste schnupperte man ausgiebig, um deren verborgene Absichten herauszufinden.

*

Aus der Küche waren hinkende Schritte zu hören. Diesmal war es der Arme, der seine Tasche hinter sich herzog, der spezifische Feind, der tradierte Feind, direkter Abkömmling dessen, der um die mit Knochen überhäufte Höhle schlich und der im Gedächtnis der Rasse sofort auftauchte. Trunken vor Empörung, mit abgehacktem Bellen und mit durch Hass und Wut vervielfachten Zähnen wollte man den Gegner an der Hose packen, bis die Köchin mit ihrem Besen – jenem Zepterersatz – bewaffnet kommen und den Verräter verteidigen würde. Dann würde man sich in seine Nische zurückziehen müssen, von wo aus man mit machtlosem Feuer im Blick schreckliche, aber sinnlose Flüche ausstoßen und denken würde, dies sei das Ende, es gebe keine Gesetze mehr und die menschliche Rasse habe jede Vorstellung von Recht und Unrecht verloren.

War das alles? Noch nicht, denn noch das kleinste Leben besteht aus zahllosen Pflichten, und sich eine glückliche Existenz zu verschaffen bedarf harter Arbeit an der Grenze dieser zwei grundverschiedenen Welten von Tier und Mensch. Wie sollte uns das gelingen, wenn wir ganz in unserer Sphäre bleiben und doch zugleich einer Gottheit dienen sollten, die nicht eingebildet und uns ähnlich war, sondern sichtbar, immer anwesend, immer aktiv und unserem Wesen genauso fremd und überlegen, wie wir es dem Hund gegenüber waren?

*

Um auf Pelleas zurückzukommen: Er wusste ungefähr, was er im Umkreis des Herrchens tun und wie er sich verhalten musste. Aber die Welt endet nicht an der Haustür. Auf der anderen Seite der Mauer und der Hecke befindet sich ein Universum, dessen Wächter man nicht ist, das nicht das eigene Zuhause ist und in dem andere Beziehungen herrschen. Wie verhielt man sich auf der Straße, auf den Feldern, auf dem Markt und in Geschäften? Nach mühseliger Beobachtung begriff er, dass es angemessen ist, nicht auf Befehle von Fremden zu reagieren und Unbekannte, die ihn streichelten, höflich, aber gleichgültig zu behandeln. Zudem galt es, anderen Hunden gegenüber eine seltsame Höflichkeit an den Tag zu legen, Hühner und Enten zu respektieren, die Kuchen in der Konditorei scheinbar nicht zu bemerken, mochten sie sich auch in unmittelbarer Reichweite präsentieren. Es galt, den Katzen, die auf den Türschwellen saßen und provozierende Grimassen schnitten, jene Art schweigender Verachtung entgegenzubringen, die zugleich Eindruck hinterließ, und nicht zu vergessen, dass es erlaubt und sogar erwünscht war, Mäuse, Ratten, wilde Kaninchen und im Allgemeinen alle (an geheimen Zeichen erkennbare) Tiere zu verfolgen und zu erwürgen, die mit dem Menschen noch nicht Frieden geschlossen haben.

*

All dies und so vieles mehr! War es verwunderlich, dass Pelleas angesichts dieser zahllosen Probleme oft nachdenklich wirkte und sein bescheidener, sanfter Blick manchmal so tief und ernst, so voller Sorge und unlesbarer Fragen war?

Leider hatte er keine Zeit, die schwere und langwierige Aufgabe zu vollenden, welche die Natur jedem Instinkt stellt, der sich größerer Klarheit nähern will. Ein recht seltsames Leiden, das eigens jenes Tier zu bestrafen schien, welchem es gelang, über seine angeborenen Fähigkeiten hinauszuwachsen, ein nicht näher definiertes Leiden, das intelligente kleine Hunde zu Hunderten dahinraffte, setzte dem Schicksal und der glücklichen Bildung von Pelleas ein Ende. Zwei oder drei Tage musste ich zusehen, wie er unter dem enormen Gewicht des Todes tragisch zu torkeln begann und sich dabei noch an der geringsten Zärtlichkeit freute. So viel Streben nach etwas mehr Licht, so viel Ehrgeiz, zu lieben, Mut, zu verstehen, so viel zugewandte Freude, so viele ergebene, hilfesuchende Blicke, die er dem Menschen angesichts des ungerechten und unerklärlichen Leidens zuwarf, so viel schwaches Licht, das aus dem tiefen Abgrund einer Welt drang, die uns nicht gehört, so viele kleine, beinahe menschliche Angewohnheiten ruhen nun traurig in einer Ecke des Gartens unter dem großen Holunder in der kalten Erde.

*

Der Mensch liebt den Hund, aber er würde ihn noch mehr lieben, wenn er daran dächte, dass die Liebe in der starren Gesamtheit der Naturgesetze das Einzige ist, was die ansonsten unüberwindbare Trennung der Arten zu durchbrechen weiß. Wir sind allein, gänzlich allein auf diesem dem Zufall unterworfenen Planeten, und von allen Lebensformen, die uns umgeben, ist außer dem Hund keine einzige ein Bündnis mit uns eingegangen. Manche Lebewesen fürchten uns, die meisten ignorieren uns, und keines liebt uns. Die Pflanzen sind unsere stummen, reglosen Sklaven, aber sie dienen uns nicht willentlich, sondern ertragen nur unsere Gesetze und das Joch, das wir ihnen auferlegen. Sie sind machtlose Gefangene, Opfer, die nicht fliehen können, aber stumm aufbegehren, und sobald wir nicht mehr auf sie achten, verraten sie uns und kehren zu ihrer wilden, schädlichen Freiheit von einst zurück. Hätten die Rose und der Weizen Flügel, sie flöhen, sobald wir uns näherten, genau wie die Vögel. Unter den Tieren zählen wir einige Diener, die uns nur aus Gleichgültigkeit, Faulheit oder Dummheit unterworfen sind: Etwa das unsichere, feige Pferd, das nur dem Schmerz gehorcht und keine Bindungen ausbildet. Der passive, schwermütige Esel, der nur bei uns bleibt, weil er nicht weiß, was er sonst tun oder wohin er gehen sollte. Die Kuh und der Ochse, die glücklich sind, sobald sie fressen können, und folgsam, weil sie seit Jahrhunderten keinen Gedanken mehr für sich haben. Das dumme Schaf, das nur einen schrecklichen

Herrn als solchen anerkennt. Das Huhn, das nur im Hof bleibt, weil dort mehr Mais und Weizen zu finden sind als im nahen Wald. Von der Katze will ich nicht sprechen; für sie sind wir eine zu große, unverdauliche Beute. Die wilde Katze toleriert uns mit dunkler Herablassung als Parasiten in ihrem eigenen Reich. Wenigstens verdammt sie uns in der Tiefe ihres geheimnisvollen Herzens, aber alle anderen leben in unserer Nähe, als seien wir Felsen oder Bäume, sie lieben uns nicht, kennen uns nicht, nehmen uns kaum wahr. Sie wissen nichts von unserem Leben, unserem Sterben, unserer Wiederkehr, unserer Traurigkeit, unserer Freude, unserem Lächeln. Sie hören nicht einmal unsere Stimme, sobald diese nicht mehr bedrohlich wirkt, und wenn sie uns ansehen, dann mit der misstrauischen Bestürzung des Pferdes, in dessen Augen man noch die Kopflosigkeit der Gazelle ahnt, die uns zum ersten Mal erblickt. Oder sie betrachten uns mit dem trübsinnigen Stupor der Wiederkäuer, die uns für eine nutzlose Gegebenheit auf ihrer Weide halten.

*

Seit Tausenden von Jahren leben sie mit uns und sind unserem Denken, unserer Zuneigung und unserem Verhalten doch so fremd, als seien sie erst gestern von dem am weitesten entfernten Stern auf unsere Erde gefallen. In dem grenzenlosen Raum, der die Menschen von allen anderen Lebewesen trennt, haben wir sie mit Geduld dazu gebracht, zwei oder drei illusorische Schritte zu tun. Ich muss gestehen: Gäbe ihnen die Natur morgen die Intelligenz und die Kraft, uns zu besiegen, und ließe ihre Gefühle uns gegenüber unangetastet, so hätte ich Angst vor der maßlosen Rache des Pferdes, den sturen Repressalien des Esels und dem wütenden Groll des Schafs. Ich flöhe vor den Katzen, als handele es sich um Tiger, und selbst vor der gutmütigen, schlaftrunkenen Kuh wäre ich auf der Hut. Das Huhn mit seinen runden, flinken Augen, würde mich bestimmt vorbehaltlos verschlingen wie eine Nacktschnecke oder einen Wurm.

*

Alles, was uns umgibt, bleibt in dieser Welt der völligen Gleichgültigkeit und Verständnislosigkeit, in dieser nicht vermittelbaren Welt, in der alles einen hermetisch auf sich selbst bezogenen Zweck hat, in der jedes Schicksal auf sich selbst begrenzt ist, in der die Lebewesen nur in Form von Täter und Opfer, Fressenden und Gefressenen aufeinander bezogen sind, in der niemand die eigene, enge Sphäre verlassen kann, in welcher nur der Tod grausame Beziehungen von Ursache und Wirkung zwischen den Nebeneinanderlebenden herstellt und in der nicht die geringste Sympathie jemals bewusst die Grenze von einer Spezies zur anderen überwunden hat. Unter allen, die in dieser Welt atmen, ist es nur einem Tier gelungen, den fatalen Kreis zu durchbrechen und vor sich selbst zu fliehen, um bis zu uns zu gelangen und die endlose, eisige und stille Dunkelheit zu überwinden, die innerhalb des unbegreiflichen Plans der Natur jede Lebensform isoliert. Was dieses Tier, unser guter, vertrauter Hund, getan hat, erscheint uns heute so einfach und natürlich. Doch mit seiner so vernünftigen Annäherung an eine Welt, in die er nicht hineingeboren wurde und in der er nicht vorgesehen war, ist ihm etwas so Ungewöhnliches und Unwahrscheinliches gelungen, dass es in der allgemeinen Geschichte des Lebens nichts Vergleichbares gibt. Wann hat diese Anerkennung des Menschen durch das Tier, dieser einzigartige Übergang vom Schatten ins Licht stattgefunden? Haben wir den Pudel, den Hofhund oder den Windhund unter den Wölfen und Schakalen gesucht, oder war er es, der spontan zu uns kam? Wir wissen es nicht. So weit die menschlichen Annalen auch zurückreichen, der Hund war immer schon an unserer Seite, doch was sind die menschlichen Annalen im Vergleich zu jener Zeit, aus der es keine Zeugnisse gibt? Selbst in unseren ältesten Behausungen finden sich seine Spuren, und er war so gut an unsere Sitten angepasst, als sei er zur gleichen Zeit wie wir auf dieser Erde aufgetaucht. Wir müssen weder sein Vertrauen noch seine Freundschaft erarbeiten, denn er wurde als unser Freund geboren. Selbst als seine Augen noch geschlossen waren, glaubte er bereits an uns. Schon vor seiner Geburt hatte er sich dem Menschen verschrieben. Doch das Wort »Freund« beschreibt seine kultische Zuneigung nicht ganz richtig. Er liebt und verehrt uns, als hätten wir ihn vor dem Nichts gerettet. Er ist vor allem unsere Kreatur, die uns unendlich dankbar und ergeben ist. Er ist unser leidenschaftlicher Sklave, den nichts entmutigt oder zurückwirft. Weder sein eifriger Glauben noch seine Liebe verändern sich. Auf bewundernswerte und berührende

Weise hat er das schreckliche Problem gelöst, das sich auch uns Menschen stellen würde, wenn eine göttliche Rasse plötzlich unseren Planeten bevölkerte. Loyal, religiös und unwiderruflich hat er die Überlegenheit des Menschen anerkannt und sich ihm mit Körper und Seele ausgeliefert – ohne Hintergedanken und ohne den Wunsch, dies rückgängig zu machen. Von seiner Unabhängigkeit, seinem Instinkt und seinem Charakter hat er nur jenen kleinen Teil bewahrt, der für die von der Natur und der Spezies vorgesehene Lebensweise unerlässlich ist. Mit überraschender Gewissheit, Ungezwungenheit und Einfachheit hat er uns als das Beste und Mächtigste eingestuft, was es auf der Erde gibt. Uns zuliebe verriet er das gesamte Tierreich, dem er angehört, und negierte bedenkenlos seine eigene Rasse, seine Verwandten, seine Mutter und sogar seine Nachkommen.

*

Innerhalb der intelligenten Lebewesen, die Rechte, Aufgaben, einen Auftrag und ein Ziel haben, ist der Hund mit Sicherheit ein wirklich privilegiertes Wesen. Er nimmt in dieser Welt eine einzigartige, beneidenswerte Position ein. Er ist das einzige Lebewesen, das einen Gott gefunden hat, der nicht angezweifelt oder hinterfragt werden kann, der greifbar und endgültig ist. Er weiß, wem er sein Bestes widmen kann. Er weiß, wer über ihm steht und wem er sich hingeben kann. Er muss nicht in der Dunkelheit nach einer perfekten, übergeordneten Macht aus Lügen, Hypothesen und Träumen suchen. Die Macht ist hier, genau vor ihm, und er bewegt sich in ihrem Licht. Er kennt die höchsten Pflichten, von denen wir alle nichts wissen. Seine Moral übersteigt alles, was er in sich selbst findet, und er kann sie ohne Bedenken und Ängste ausleben. Er ist im Besitz der ganzen Wahrheit. Sein Ideal ist positiv und gesichert.

Und so sah ich meinen kleinen Pelleas neulich, vor seiner Krankheit, zu Füßen meines Schreibtischs sitzen. Den Schwanz hatte er sorgsam unter den Pfoten zusammengerollt. Den Kopf hatte er schief gelegt, um mich fragend ansehen zu können, aufmerksam und ruhig, wie ein Heiliger sich in Anwesenheit Gottes zu verhalten hat. Er war auf eine Art glücklich, die wir vielleicht nie kennenlernen werden, weil sie aus dem Lächeln und der Anerkennung eines Lebens entsprang, das dem seinen weit übergeordnet war. Er lernte, saugte meine Blicke auf und reagierte ernst, wie unter Gleichgestellten. Bestimmt wollte er mir mitteilen, dass er – wenigstens mit den Augen, jenem beinahe immateriellen Organ, welches das Licht in zärtliches Verstehen verwandelt – durchaus wusste, dass er mir alles sagte, was Liebe sagen sollte. Wie ich ihn so sah, jung, eifrig und gläubig, und er mir in gewisser Weise vom Grund der unermüdlichen Natur aus Neuigkeiten des Lebens berichtete, vertrauensvoll und verwundert, als sei er der Erste seiner Rasse auf der Erde und wir befänden uns noch am Anfang der Welt, da neidete ich ihm die Leichtigkeit seiner Gewissheit. Ich sagte mir, der Hund, der ein gutes Herrchen hat, ist glücklicher als jener, dessen Schicksal noch gänzlich im Schatten liegt.

Anton Tschechow
Kaschtanka

Schlechte Aufführung

Ein junger rotbrauner Hund – eine Kreuzung von Dachs und Dorfköter –, dessen Schnauze der eines Fuchses sehr ähnelte, lief auf dem Trottoir hin und her und schaute sich unruhig nach allen Seiten um. Zuweilen blieb er stehen, hob winselnd bald die eine, bald die andere seiner frierenden Pfoten und suchte sich darüber Rechenschaft zu geben, wie es doch passieren konnte, dass er sich verirrt hatte?

Er entsann sich sehr wohl, wie er den Tag verbracht hatte und wie er dann endlich auf dieses unbekannte Trottoir geraten war.

Der Tag hatte damit begonnen, dass sein Herr, der Tischler Luka Alexandritsch, sich seine Mütze aufgesetzt, irgendein hölzernes, in rotes Tuch gehülltes Ding untern Arm genommen und dann gerufen hatte:

»Kaschtanka, komm!«

Als die Kreuzung von Dachs und Dorfköter diesen Ruf vernommen, war er unter der Hobelbank, wo er auf den Spänen geschlafen hatte, hervorgekommen, hatte süß seine Glieder gereckt und war dann seinem Herrn nachgelaufen. Die Kunden von Luka Alexandritsch wohnten furchtbar weit, sodass dieser, ehe er zu ihnen gelangte, unterwegs mehrere Male in den Wirtschaften einkehren und sich stärken musste. Kaschtanka erinnerte sich, dass er sich unterwegs sehr unanständig aufgeführt hatte. Vor Freude, dass man ihn mit spazieren genommen hatte, sprang er umher, stürmte bellend den Pferdebahnwagen nach, lief in die Höfe hinein und tollte mit Hunden umher. Der Tischler verlor ihn immerwährend aus den Augen, blieb stehen und schrie ihn wütend an. Einmal packte er sogar Kaschtanka mit gierigem Gesichtsausdruck am Fuchsohr, zauste ihn und sprach langsam und abgerissen:

»Dass Dich ... der ... Teufel ...«

Nachdem er seine Geschäfte erledigt, hatte Luka Alexandritsch auf einen Augenblick seine Schwester besucht und dort einen kleinen Frühschoppen gemacht. Von der Schwester ging er zu einem bekannten Buchbinder, von dort in ein Wirtshaus, aus dem Wirtshaus zum Gevatter u.s.w. Mit einem Wort – als Kaschtanka auf das fremde Trottoir geraten war, fing es schon an zu dunkeln, und der Tischler war bezecht wie ein Schuster. Er fuchtelte mit den Armen, seufzte tief und murmelte:

»In Sünden hat mich meine Mutter geboren! Sünden, nichts als Sünden! Jetzt spazieren wir, Kaschtanka, mit Dir so einer und sehen uns die Laternen an, und sind wir tot – braten wir in der Hölle ...«

Oder aber er verfiel in eine gutmütige Stimmung, rief Kaschtanka zu sich heran und sagte ihm:

»Du, Kaschtanka, bist ein Insekt und sonst nichts. Im Vergleich zu uns Menschen bist du so ... so wie ein Zimmermann im Vergleich zum Tischler ...«

Während er sich so mit dem Hunde unterhielt, ertönte plötzlich Musik. Kaschtanka sah sich um und erblickte ein ganzes Regiment Soldaten, das gerade auf ihn zukam. Da er seiner Nerven wegen Musik nicht vertragen konnte, so begann er sich zu drehen und zu heulen. Zu seiner größten Verwunderung aber war der Tischler gar nicht erschrocken und bellte und krümmte sich nicht, sondern stand ›stramm‹ und salutierte, seine fünf Finger an die Mütze legend und übers ganze Gesicht grinsend. Da Kaschtanka sah, dass sein Herr an einen Protest gar nicht dachte, so begann er noch lauter zu heulen und stürzte fassungslos über die Straße auf das andere Trottoir.

Als er wieder zur Besinnung gekommen war, spielte die Musik nicht mehr und das Regiment war vorüber. Er lief über die Straße zurück an die Stelle, wo er seinen Herrn verlassen hatte, aber siehe da, der Tischler war schon weg. Kaschtanka stürmte vorwärts, dann wieder zurück, lief noch einmal über die Straße, aber der Tischler war wie in die Erde versunken … Kaschtanka begann das Trottoir zu beschnuppern in der Hoffnung, die Spuren seines Herrn zu erkennen, aber kurz vor dem war irgendein Schuft in Gummischuhen über das Trottoir gegangen, und jetzt vermischten sich alle seine Gerüche mit dem Gummigestank. Da etwas herauszuriechen war ganz unmöglich.

Kaschtanka lief hin und her, ohne seinen Herrn zu finden, und unterdessen wurde es dunkel. Zu beiden Seiten der Straße wurden die Laternen angezündet, und in den Fenstern der Häuser wurde es hell. Große lockere Schneeflocken fielen langsam vom Himmel herab und färbten das Pflaster, die Rücken der Pferde und die Mützen der Droschkenkutscher schön weiß, und je dunkler es wurde, um so blendend weißer erschienen alle Gegenstände. An Kaschtanka vorbei, ihm immerfort den Gesichtskreis verdeckend und ihn mit den Füßen tretend, gingen ohne Unterbrechung fremde Kunden. – Kaschtanka teilte nämlich die gesamte Menschheit in zwei etwas ungleiche Teile: in Meister und Kunden; zwischen diesen und jenen bestand ein wesentlicher Unterschied: die Meister hatten das Recht, ihn zu schlagen, und bei den Kunden besaß er selbst das Recht, sie in die Waden zu beissen. – Die Kunden eilten alle irgendwohin und beachteten Kaschtanka gar nicht.

Als es ganz dunkel geworden, überfielen Kaschtanka Verzweiflung und Schrecken. Er drückte sich an eine Haustür und begann bitterlich zu weinen. Der auf den ganzen Tag ausgedehnte Spaziergang mit Luka Alexandritsch hatte ihn ermüdet, seine Ohren und Pfoten froren ihm und außerdem war er auch furchtbar hungrig. Den Tag über hatte er nur zweimal etwas in den Magen bekommen: beim Buchbinder hatte er etwas Kleister gegessen und in einer Wirtschaft ein Stückchen Wurstschale gefunden – das war alles. Wenn er ein Mensch gewesen wäre, so hätte er sicher gedacht:

»Nein, so kann man nicht weiterleben! Ich muss mich erschießen!«

Der geheimnisvolle Fremde

Aber er dachte an gar nichts und weinte nur. Als der weiche flockige Schnee ihm Kopf und Rücken schon ganz bedeckt hatte, und er vor Erschöpfung in einen tiefen Halbschlaf verfallen war, öffnete sich plötzlich kreischend die Haustür und stieß Kaschtanka in den Rücken. Kaschtanka sprang auf. Aus der geöffneten Haustür trat ein Mensch, der offenbar zur Kategorie der Kunden gehörte. Da Kaschtanka aufschrie und dem Fremden unter die Füße geriet, so konnte dieser nicht umhin, ihn zu bemerken. Er beugte sich zu ihm hin und fragte:

»Hundchen, wo kommst Du denn her? Hab' ich Dir weh getan? O mein Ärmster, mein Ärmster ... Nun, sei nicht böse ... Pardon ...«

Kaschtanka blickte den Fremdling durch die an den Wimpern hängenden Schneeflocken an und sah einen kleinen rundlichen Herrn im Zylinder und Pelzmantel, mit einem rasierten, etwas aufgedunsenen Gesicht.

»Was greinst Du denn?«, fuhr er, ihm mit dem Finger den Schnee vom Rücken abstreifend, fort. »Wo ist denn Dein Herr? Du hast Dich wohl verlaufen? Ach, Du armes Hundchen! Was fangen denn wir mit Dir an?«

Kaschtanka, der in der Stimme des Fremden einen freundlichen, warmen Ton erhascht hatte, leckte ihm die Hand und begann noch herzbrechender zu winseln.

»Du bist übrigens ein netter, spaßiger Kerl!«, sagte der Fremde. »Der reine Fuchs! Na, was ist denn da zu machen, komm also mit! Vielleicht kann man Dich zu etwas gebrauchen ... Nun, fuit!«

Er schnalzte mit der Zunge und gab Kaschtanka mit der Hand ein Zeichen, welches nur eines bedeuten konnte: »Komm mit!« Kaschtanka folgte.

Eine halbe Stunde später saß er schon auf der Diele in einem großen hellen Zimmer und blickte, den Kopf auf die Seite geneigt, mit Wehmut und Neugierde zu dem Fremden hinauf, der am Tische saß und speiste. Der Fremde aß und warf ihm ab und zu ein Stückchen hin … Zuerst gab er ihm Brot und eine Käserinde, dann ein Stückchen Fleisch, dann ein halbes Pastetchen, Hühnerknochen, und Kaschtanka hatte das alles in seinem Heißhunger so schnell aufgegessen, dass er nicht mal den Geschmack davon unterscheiden konnte. Und je mehr er aß, um so stärker wurde der Hunger.

»Na hör' mal. Deine Herrschaft scheint Dich nicht gerade übermäßig zu füttern!«, sprach der Fremde, während er zusah, mit welcher Gier und Gefräßigkeit der Hund die unzerkauten Stücke verschlang. »Und wie Du mager bist! Haut und Knochen!«

Kaschtanka aß viel, wurde aber nicht satt, sondern empfand vom Essen nur ein Gefühl der Berauschung. Nach dem Essen legte er sich mitten im Zimmer hin, streckte die Pfoten aus und wedelte, während seinen Körper eine süße Müdigkeit erfüllte, freundlich mit dem Schwanz. Inzwischen rauchte sein neuer Herr, im Lehnstuhl liegend, eine Zigarre. Kaschtanka wedelte immerfort und erwog im Geiste die Frage, wo es besser sei – bei dem Fremden oder bei dem Tischler? Bei dem Fremden ist die Ausstattung arm und hässlich – außer Lehnstühlen, einem Divan, Teppichen und einer Lampe gibt es bei ihm nichts. und das Zimmer erscheint leer; während beim Tischler die ganze Stube mit Sachen vollgepfropft ist: da gibt es einen Tisch, eine Hobelbank, einen Haufen Späne, Hobel, Stemmeisen, Sägen, einen Zeisig im Bauer, einen Eimer … Beim Fremden riecht es nach nichts, während beim Tischler ein wahrer Nebel die Wohnung erfüllt und ein wundervolles Odeur von Leim, Hobelspänen und Lack die Nase kitzelt. Dafür hat aber der Fremde einen sehr wesentlichen Vorzug: Er gibt viel zu essen, und – alles was recht ist – während Kaschtanka vor dem Tisch saß und zu ihm sehnsüchtig hinaufblickte, hatte er ihn nicht ein einziges Mal geschlagen oder auch nur mit den Füßen gestampft und geschrien: »Dass Dich … der Teufel hole, verd…!«

Nachdem der neue Herr seine Zigarre ausgeraucht hatte, ging er hinaus und kehrte einen Augenblick später mit einem Kissen in der Hand zurück.

»Hör' Du, Hundchen, komm mal her!«, sagte er, das Kissen in eine Ecke neben dem Divan hinlegend. »Da, schlaf!«

Darauf löschte er die Lampe aus und ging hinaus. Kaschtanka streckte sich auf dem Kissen aus und schloß die Augen. Von der Straße her ertönte Hundegebell, und Kaschtanka wollte darauf antworten, aber plötzlich, ganz unerwartet, befiel ihn das Heimweh. Er dachte an Luka Alexandritsch, an seinen Sohn Fedjuschka, an das liebe Plätzchen unter der Hobelbank … Er dachte daran, wie an den langen Winterabenden, wenn der Tischler hobelte oder die Zeitung laut vorlas, Fedjuschka gewöhnlich mit ihm spielte … Er holte ihn an den Hinterpfoten unter der Hobelbank hervor und machte mit ihm solche Stückchen, dass es Kaschtanka ganz grün vor den Augen wurde und er hernach an allen Gliedern wie gelähmt war. Er ließ ihn auf den Hinterfüßen gehen, machte mit ihm »Glocke«, d. h. zog ihn heftig am Schwanz, so dass Kaschtanka anfing zu bellen und zu heulen, gab ihm Schnupftabak zu riechen u.s.w. Besonders qualvoll war das folgende Stückchen: Fedjuschka band ein Stück Fleisch an einen Faden und gab es Kaschtanka, um es dann, wenn er das Stück verschluckt hatte, wieder unter lautem Gelächter aus seinem Magen zu ziehen … Und je greller diese Erinnerungen wurden, um so lauter und trübseliger wimmerte Kaschtanka.

Aber bald besiegten die Müdigkeit und die Wärme das Heimweh … Er fing an einzuschlafen. In seiner Phantasie begannen Hunde zu laufen; unter anderen lief auch der zottige alte Pudel vorbei mit dem kranken Auge und den großen Haarbüscheln an der Schnauze, den er heute auf der Straße gesehen hatte. Ihm nach jagte Fedjuschka, mit dem Stemmeisen in der Hand. Dann plötzlich bedeckte sich auch Fedjuschka mit zottigen Haarbüscheln und stand auf einmal neben Kaschtanka. Er und Kaschtanka berochen einander gutmütig die Schnauze und liefen dann auf die Straße hinaus …

Eine neue, sehr angenehme Bekanntschaft

Als Kaschtanka aufwachte, war es schon hell und von der Straße her tönte Lärm, wie nur am Tage. Im Zimmer war niemand. Kaschtanka streckte sich, gähnte und ging dann missmutig und finster durchs Zimmer. Er beroch die Ecken und die Möbel, warf einen Blick in das Vorhaus und fand nichts Interessantes. Außer der Tür, die in das Vorhaus führte, gab es noch eine zweite. Nach kurzer Überlegung kratzte Kaschtanka mit beiden Pfoten an dieser zweiten Tür und trat, als sie sich öffnete, ins nächste Zimmer. Dort schlief im Bett, eingehüllt in eine wollne Decke, ein Kunde, in welchem Kaschtanka den Fremden von gestern Abend erkannte.

»Rrrr ...«, knurrte er im ersten Augenblick. Dann aber fiel ihm die gestrige Mahlzeit ein, er wedelte mit dem Schwanz und begann zu schnuppern.

Er beschnupperte die Kleider und Stiefel des Fremden und fand, dass sie stark nach Pferden rochen. Aus dem Schlafzimmer führte irgendwohin noch eine Tür, die ebenfalls geschlossen war. Kaschtanka kratzte auch an dieser Tür, stemmte sich mit der Brust dagegen, öffnete die Tür und empfand sogleich einen merkwürdigen, sehr verdächtigen Geruch. Mit der Ahnung einer unangenehmen Begegnung trat Kaschtanka, knurrend und sich vorsichtig umblickend, in eine kleine Stube mit schmutzigen Tapeten – und erschrocken fuhr er zurück. Er erblickte etwas Unerwartetes und Furchtbares. Mit zu Boden gesenktem Kopf, mit weit ausgebreiteten Flügeln steuerte zischend gerade auf ihn los ein grauer Gänserich. Etwas abseits vom Gänserich lag auf einem Kissen ein weißer Kater. Als dieser Kaschtanka erblickte, sprang er auf, machte einen Buckel, erhob den Schweif, sträubte das Haar und begann ebenfalls zu zischen. Der

Hund erschrak ganz ordentlich, da er aber seine Furcht nicht merken lassen wollte, fing er laut an zu bellen und stürzte sich auf den Kater ... Der Kater machte einen noch höheren Buckel und versetzte Kaschtanka auf den Kopf einen Schlag mit der Pfote. Kaschtanka sprang zurück, duckte sich nieder und brach, die Schnauze nach dem Kater gewandt, in ein schallendes, winselndes Gebell aus. In diesem Augenblick trat der Gänserich von hinten heran und hackte Kaschtanka recht schmerzhaft in den Rücken. Kaschtanka sprang auf und warf sich auf den Gänserich ...

»Was ist denn hier los?«, ertönte eine laute, unwillige Stimme, und herein trat der Fremde im Schlafrock und mit der Zigarre zwischen den Zähnen. »Was soll das bedeuten? An den Platz!«

Er ging auf den Kater zu, knirpste ihn auf den Buckel und sagte:

»Theodor, was ist denn das? Eine Keilerei? Ach, Du alter Schuft! Kusch Dich!« Und sich zum Gänserich wendend rief er: »Herr Iwanow, an den Platz!«

Der Kater legte sich gehorsam aufs Kissen und schloss die Augen. Nach dem Ausdruck seiner Schnauze und seines Schnurrbarts schien er mit sich unzufrieden, dass er sich erregt hatte und in Streit geraten war. Kaschtanka winselte gekränkt, und der Gänserich streckte den Hals aus und begann etwas zu erzählen, aufgeregt, überzeugt und vernehmlich, aber äußerst unverständlich ...

»Schon gut, schon gut!«, sagte gähnend der Herr. »Ihr müsst Euch untereinander vertragen ...« Er streichelte Kaschtanka und fuhr fort: »Und Du, Braunchen, brauchst Dich nicht zu fürchten ... Das sind alles brave Leute und tun niemand was zuleide. Übrigens, wie soll man Dich denn rufen? Ohne Namen darfst Du nicht bleiben, mein Bester.«

Der Fremde dachte einen Augenblick nach und sagte dann:

»So ... Du wirst also Tante heißen ... Verstehst Du? Tante!«

Und das Wort »Tante« mehrere Mal wiederholend ging er hinaus. Kaschtanka setzte sich und begann zu beobachten. Der Kater lag regungslos auf dem Kissen und tat, als ob er schliefe. Der Gänserich fuhr fort mit ausgestrecktem Halse, ununterbrochen von einem Bein aufs andere tretend, schnell und überzeugend von etwas zu erzählen. Es schien ein äußerst kluger Gänserich zu sein; nach jeder langen Tirade trat er jedesmal wie erstaunt zurück, als bewunderte er seine eigene Rede. Nachdem Kaschtanka ihm einige Zeit zugehört hatte, antwortete er »Rrrr ...« und begann in den Ecken umherzuschnüffeln.

In einer Ecke stand ein kleiner Trog, in welchem Kaschtanka gequollene Erbsen und aufgeweichte Brotrinden vorfand. Er probierte die Erbsen – sie schmecken nicht, probierte die Rinden – und begann zu essen. Der Gänserich war durchaus nicht beleidigt, dass der fremde Hund sein Futter verspeiste, sondern im Gegenteil, er begann noch überzeugender zu reden und trat, um sein Vertrauen zu bezeugen, an den Trog heran und aß selbst einige Erbsen.

Blaue Wunder

Einige Zeit später trat der Fremde wieder ein und brachte ein sonderbares Ding mit, das etwa wie ein Galgen aussah. An der Querstange dieses hölzernen Galgens hing eine Glocke und war eine Pistole befestigt, von denen je eine Schnur herabhing. Der Fremde stellte den Galgen mitten im Zimmer auf, nestelte lange an den Schnüren herum, blickte dann auf den Gänserich und sagte:

»Herr Iwanow, ich bitte!«

Der Gänserich kam heran und blieb in erwartungsvoller Pose stehen.

»Nun«, sagte der Fremde, »fangen wir von Anfang an. Verbeugen Sie sich zuerst und machen Sie einen Kratzfuß! Schnell.«

Herr Iwanow streckte den Hals aus, nickte nach allen Seiten und scharrte mit der Pfote.

»So, bravo ... Jetzt sterben Sie mal!«

Der Gänserich legte sich auf den Rücken und hob die Pfoten in die Höhe. Nachdem der Fremde noch einige ähnliche unbedeutende Stückchen vorgenommen hatte, griff er plötzlich nach seinem Kopf, drückte auf seinem Gesicht das furchtbarste Entsetzen aus und rief:

»Hilfe! Feuer! Es brennt!«

Herr Iwanow lief schnell zum Galgen, ergriff mit dem Schnabel eine der Schnüre und begann zu läuten. Der Fremde war sehr zufrieden. Er streichelte dem Gänserich den Hals und sagte:

»Brav, Herr Iwanow. Jetzt stellen Sie sich vor, dass Sie ein Juwelier sind und mit Gold und Brillanten handeln.

Stellen Sie sich nun weiter vor, dass Sie in Ihren Laden eintreten und dort Diebe vorfinden. Wie würden Sie in diesem Falle handeln?«

Der Gänserich faßte mit dem Schnabel die andere Schnur und zog daran, worauf ein betäubender Schuss ertönte. Kaschtanka gefiel das Läuten sehr gut, und von dem Schuss geriet er in solches Entzücken, dass er um den Galgen zu laufen und zu bellen begann.

»Tante, an den Platz!«, rief der Fremde. »'s Maul halten!«

Die Arbeit Herrn Iwanows war mit dem Schießen noch nicht zu Ende. Eine ganze Stunde noch trieb ihn der Fremde an der Korde in die Runde und knallte mit der Peitsche, wobei der Gänserich über Barrièren und durch Reifen springen, sich bäumen, d. h. sich auf den Schwanz setzen und mit den Pfoten zappeln, musste. Kaschtanka wandte von Herrn Iwanow nicht die Augen, winselte vor Vergnügen und lief mehrmals mit lautem Gebell hinter ihm her. Nachdem Schüler sowohl als Lehrer gründlich müde geworden waren, trocknete der Fremde sich den Schweiß von der Stirn und rief:

»Marie, ruf mal Frau von Grunzner her!«

Gleich darauf ertönte ein Grunzen. Kaschtanka begann zu knurren, nahm eine äußerst mutige Stellung ein, trat aber für alle Fälle näher zum Fremden heran. Die Tür öffnete sich, ein altes Weib sah ins Zimmer, sagte etwas und ließ dann eine schwarze hässliche Sau herein. Ohne Kaschtankas Geknurr auch nur zu beachten, hob die Sau ihre Schnauze in die Höhe und grunzte heiter. Sie schien äußerst erfreut, ihren Herrn, den Kater und

Herrn Iwanow wiederzusehen. Als sie sich dem Kater näherte, ihn leise mit der Schnauze in den Bauch stieß und sich dann mit dem Gänserich über irgend etwas zu unterhalten begann, konnte man in ihrer Stimme und im Zucken des kleinen Schwänzchens sehr viel Gutmütigkeit und Wohlwollen bemerken. Kaschtanka begriff sofort, dass auf solche Persönlichkeiten zu knurren und zu bellen vollkommen zwecklos sei.

Der Herr stellte den Galgen beiseite und rief:
»Theodor, ich bitte!«
Der Kater erhob sich, dehnte sich schläfrig und näherte sich widerwillig der Sau, als erwiese er jemand einen großen Gefallen.
»Nun, beginnen wir mit der ›Ägyptischen Pyramide‹«, meinte der Herr.
Er erklärte weitläufig irgend etwas und kommandierte endlich: eins ... zwei ... drei! Beim Worte »drei« schlug Herr Iwanow mit den Flügeln und sprang auf den Rücken der Sau ... Als er, mit dem Halse und den Flügeln balancierend, auf dem borstigen Rücken einen sicheren Standpunkt gewonnen hatte, begann Theodor faul und schläfrig, mit demonstrativer Nachlässigkeit und mit einem Gesichtsausdruck, als verachte er und schätze er seine Kunst gering, langsam den Rücken der Sau zu erklimmen, kletterte dann ebenso widerwillig auf den Gänserich hinauf und stellte sich auf die Hinterpfoten. Man erhielt das, was der Fremde eine »Ägyptische Pyramide« nannte. Kaschtanka winselte vor Vergnügen auf. In diesem Augenblick aber gähnte der Kater und fiel, das Gleichgewicht verlierend, vom Gänserich herab.

Herr Iwanow wankte und fiel ebenfalls. Der Fremde begann zu schreien, zu fuchteln und von Neuem etwas zu erklären. Nachdem er sich noch eine ganze Stunde mit der Pyramide abgequält hatte, begann der unermüdliche Herr, Herrn Iwanow das Reiten auf dem Kater zu lehren, unterrichtete dann den Kater im Rauchen u.s.w.

Der Unterricht endete damit, dass der Fremde sich den Schweiß von der Stirn wischte und hinausging, Theodor verächtlich nieste, sich aufs Kissen legte und die Augen schloss, Herr Iwanow zu seinem Trog ging, und die Sau von dem alten Weibe wieder weggeführt wurde. Dank einer solchen Menge neuer Eindrücke verging der Tag unbemerkt, am Abend aber war Kaschtanka schon mit seinem Kissen in der kleinen Stube mit den schmutzigen Tapeten einquartiert und verbrachte die Nacht in Gesellschaft Herrn Iwanows und des Katers.

Genie! Genie!

Es verging ein Monat ...

Kaschtanka hatte sich bereits daran gewöhnt, dass er einen luxuriösen Mittag bekam und Tante genannt wurde. Auch an den Fremden und an die neuen Genossen hatte er sich gewöhnt. Das Leben floss ohne jede Störung dahin ...

Alle Tage begannen auf dieselbe Weise. Gewöhnlich erwachte Herr Iwanow zuerst und kam sogleich an Kaschtanka oder an den Kater heran, streckte seinen Hals aus und begann etwas zu erzählen, heiß und überzeugend, aber noch immer unverständlich. Zuweilen erhob er sein Haupt und ließ lange Monologe vom Stapel. In den ersten Tagen hatte Kaschtanka geglaubt, dass er soviel rede, weil er sehr gescheit sei, aber nach kurzer Zeit verlor er allen Respekt vor dem Gänserich; wenn sich Herr Iwanow ihm mit seinen langen Reden näherte, wedelte Kaschtanka nicht mehr mit dem Schwanz, sondern malträtierte ihn, wie einen lästigen Schwätzer, der niemand Ruhe lässt, und antwortete ihm ganz ungeniert mit einem »Rrrr« …

Theodor war dagegen ein ganz anderer Herr. Wenn er erwachte, gab er keinen Ton von sich, rührte sich nicht und öffnete nicht einmal die Augen. Er wäre überhaupt sehr gerne auch gar nicht erwacht, denn das Leben erschien ihm offenbar sehr wenig begehrenswert. Nichts interessierte ihn, zu allem verhielt er sich müde und lässig, alles verachtete er und nieste ekelerfüllt sogar dann, wenn er sein schmackhaftes Mittagsmahl verzehrte.

Kaschtanka pflegte, sobald er erwacht war, eine Runde durch die Zimmer zu machen und alle Ecken zu beschnuppern. Nur er und der Kater besaßen das Recht, in der ganzen Wohnung umher zu gehen, der Gänserich dagegen genoss nicht den Vorzug, die Schwelle der kleinen Stube mit den schmutzigen Tapeten zu überschreiten, während Frau von Grunzner irgendwo auf dem Hof in einem Stall wohnte und nur zu den Stunden erschien.

Der Herr wachte spät auf und begann sofort, nachdem er Tee getrunken, mit den Kunststücken. Jeden Tag wurden in die Stube der Galgen, die Peitsche und die Reifen gebracht und jeden Tag wurde fast immer dasselbe absolviert. Der Unterricht währte drei bis vier Stunden, sodass Theodor zuweilen vor Ermüdung wie ein Trunkener wankte, Herr Iwanow den Schnabel öffnete und schwer atmete, und der Herr ganz rot wurde und die Stirn gar nicht mehr trocken bekam.

Der Unterricht und das Mittagessen machten die Tage sehr interessant, die Abende aber vergingen etwas langweilig. Gewöhnlich fuhr der Herr des Abends irgendwohin fort und nahm den Kater und den Gänserich mit. Kaschtanka, der allein zu Hause blieb, pflegte sich dann auf dem Kissen auszustrecken und der Melancholie anheim zu fallen … Unbemerkt und allmählich, wie die Finsternis ein Zimmer erfüllt, beschlich ihn die Traurigkeit. Es begann damit, dass der Hund die Lust am Bellen, am Essen und am Umherlaufen in den Zimmern verlor. Dann erschienen seiner Phantasie zwei undeutliche Gestalten, halb Tiere, halb Menschen, mit lieben und sympathischen, aber unverständlichen Gesichtern. Bei ihrem Erscheinen wedelte Kaschtanka mit dem Schwanz, und es war ihm, als hätte er sie irgendwo und irgendwann schon gesehen und geliebt … Und wenn er einschlief, empfand er jedesmal den angenehmen Duft von Leim, Hobelspänen und Lack, der diesen Gestalten entströmte …

Als er sich in das neue Leben schon ganz eingewöhnt hatte und sich aus einem mageren, knöchrigen Straßenköter in einen satten, wohlgepflegten Hund verwandelt hatte, streichelte der Herr ihn einmal vor dem Unterricht und sagte:

»Na, Tante, jetzt ist es auch Zeit, an die Arbeit zu gehen ... Ich will aus Dir einen Künstler machen ... Willst Du ein Künstler werden?«

Und er begann den Hund in allen möglichen Wissenschaften zu unterrichten. In der ersten Stunde lernte Kaschtanka »sitzen« und auf den Hinterfüßen gehen. In der zweiten Stunde musste er auf den Hinterfüßen schon springen und nach einem Stück Zucker schnappen, das der Meister hoch über den Kopf des Hundes hielt. Dann, in den nächsten Stunden, tanzte er, lief an der Corde, heulte »nach Musik«, läutete und schoss. Nach einem Monat aber konnte er bereits mit Erfolg Theodor in der ›Ägyptischen Pyramide‹ vertreten. Er lernte gerne und war mit seinen Fortschritten zufrieden; namentlich das Laufen an der Corde, mit heraushängender Zunge, das Springen durch den Reifen und das Reiten auf dem alten Theodor bereiteten ihm ein ganz besonderes Vergnügen. Jedes gelungene Stückchen begleitete er mit lautem begeisterten Gebell, während der Lehrer staunte, sich ebenfalls begeisterte und vergnügt die Hände rieb.

»Ein Genie! Ein Genie!«, sagte er. »Ein unbezweifelbares Genie! Du wirst einen großartigen Erfolg haben!«

Und Kaschtanka hatte sich so sehr an das Wort »Genie« gewöhnt, dass er jedesmal, wenn sein Herr es aussprach, aufsprang und sich umsah, als wäre es sein Rufname.

Eine unruhige Nacht

Kaschtanka hatte einen Hundetraum: Der Hausknecht jagte ihm mit dem Besen nach... Vor Furcht erwachte er.

Im Stübchen war es dunkel, dunkel und schwül. Die Flöhe belästigten ihn. Kaschtanka hatte früher niemals die Dunkelheit gefürchtet. Jetzt aber war es ihm, er wusste selbst nicht warum, plötzlich so unheimlich geworden, dass er bellen wollte. Im Zimmer nebenan seufzte vernehmlich der Herr, etwas später grunzte die Sau im Stalle, und wieder wurde alles still. Wenn man ans Essen denkt, wird es einem leichter ums Herz, und Kaschtanka begann daran zu denken, wie er heute Theodor ein Hühnerbein entwendet und es im Salon, zwischen dem Schrank und der Wand, wo sehr viel Spinngewebe und Staub lag, versteckt hatte. Es würde nichts schaden, mal hinzugehen und sich zu überzeugen, ob dieses Bein noch da sei oder nicht mehr. Unmöglich wäre es nicht, dass der Herr es gefunden und verspeist hätte. Aber vor dem Morgen darf man die Stube nicht verlassen – das ist Hausgesetz. Kaschtanka schloss die Augen, um möglichst schnell einzuschlafen, denn er wusste aus Erfahrung, dass je früher man einschläft um so früher der Morgen da ist. Aber plötzlich ertönte nicht weit von ihm ein sonderbarer Schrei, der ihn zusammenschrecken und aufspringen machte. Es war Herr Iwanow, und sein Schrei war nicht geschwätzig und überzeugend wie gewöhnlich, sondern wild, durchdringend und unnatürlich, wie das Schreien einer ungeschmierten Pforte. Ohne im Dunkeln etwas sehen oder begreifen zu können, erschrak Kaschtanka noch mehr und knurrte:

»Rrrrr ...«

Es verging viel Zeit, soviel wie dazu nötig ist, um einen guten Knochen zu benagen; der Schrei wiederholte sich nicht. Kaschtanka beruhigte sich allmählich und begann wieder in Schlaf zu versinken. Ihm träumte von zwei großen, schwarzen Hunden; sie fraßen gierig aus einem großen Troge mit Küchenabfällen, dem weißer Dampf und ein angenehmes Aroma entströmten. Ab und zu wandten sie sich nach Kaschtanka um, fletschten die Zähne und knurrten: »Dir geben wir nichts!« Aber aus dem Hause kam ein Bauer im Pelz herausgelaufen und vertrieb mit der Peitsche die Hunde. Kaschtanka näherte sich dem Troge und begann zu fressen, aber kaum war der Bauer im Thor verschwunden, als die schwarzen Hunde sich brüllend auf Kaschtanka stürzten, und der durchdringende Schrei plötzlich wieder ertönte.

»K–he! K–he–he!«, schrie Iwanow.

Kaschtanka erwachte, sprang auf und brach, ohne sein Kissen zu verlassen, in ein heulendes Gebell aus. Es schien ihm jetzt, als schreie nicht mehr Iwanow, sondern jemand anderes, jemand Fremdes. Und sonderbarerweise grunzte auch die Sau wieder im Stalle.

Schon vernahm man aber das Schlurfen der Pantoffeln, und in die Stube trat der Herr, im Schlafrock und mit dem Licht in der Hand. Der blinzelnde Schein begann an den schmutzigen Tapeten und an der Decke zu hüpfen und verscheuchte die Finsternis. Kaschtanka sah, dass in der Stube niemand Fremdes war. Herr Iwanow saß auf der Diele und schlief nicht. Seine Flügel waren ausgespannt und sein Schnabel geöffnet, und überhaupt sah er aus, als wäre er sehr müde und wollte trinken. Der alte Theodor schlief auch nicht. Auch ihn hatte wohl der Schrei aufgescheucht.

»Herr Iwanow, was fehlt Ihnen?«, fragte der Herr den Gänserich. »Warum schreien Sie? Sind Sie krank?«

Der Gänserich schwieg. Der Herr befühlte ihm den Hals, streichelte seinen Rücken und sagte:

»Sie sind ein komischer Herr. Schlafen selbst nicht und geben auch anderen keine Ruhe.«

Als der Herr wieder hinausgegangen war und das Licht mitgenommen hatte, wurde es wieder dunkel. Kaschtanka wurde bange. Der Gänserich schrie nicht mehr, aber Kaschtanka hatte wieder das Gefühl, als sei jemand Fremdes in der Stube. Am meisten ängstigte ihn, dass man diesen Fremdling nicht beissen konnte, da er unsichtbar war und keine Gestalt hatte. Und Kaschtanka hatte das unbestimmte Gefühl, als müsste sich in dieser Nacht durchaus etwas Schlimmes ereignen. Auch Theodor war unruhig. Kaschtanka hörte, wie er sich auf seinem Kissen bewegte, seinen Kopf schüttelte und gähnte.

Irgendwo aus der Straße wurde an ein Tor gepocht, und im Stall grunzte die Sau. Kaschtanka begann zu heulen, streckte die Vorderpfoten aus und legte seinen Kopf darauf. In dem Pochen am Tore, im Grunzen der Sau, die sonderbarerweise auch nicht schlafen konnte, in der Finsternis und Stille schien ihm, ebenso wie in dem Schrei des Herrn Iwanow, etwas unendlich Trauriges und Schreckliches zu liegen. Überall und bei allen zeigte sich eine sonderbare Unruhe, aber woher? Wer war dieser Fremde, den man nicht sehen konnte? In der Nähe von Kaschtanka erglühten zwei trübe, grüne Feuer. Es war Theodor, der seit der ganzen langen Bekanntschaft zum ersten Mal an Kaschtanka herangekommen war. Was wollte er? Kaschtanka leckte ihm die Pfote und begann, ohne nach dem Grunde seines Kommens zu fragen, von Neuem leise zu heulen.

»K–he!«, schrie Herr Iwanow. »K–he–he!«

Die Tür öffnete sich wieder, und der Herr trat mit dem Licht in der Hand ein. Der Gänserich saß in der alten Stellung mit geöffnetem Schnabel und ausgebreiteten Flügeln. Seine Augen waren geschlossen.

»Herr Iwanow!«, rief der Herr.

Der Gänserich rührte sich nicht. Der Herr setzte sich vor ihm hin auf die Diele, sah ihn einige Augenblicke schweigend an und sagte:

»Iwanow! Was ist denn das? Stirbst Du? Ach, jetzt erinnere ich mich, erinnere ich mich!«, rief er, sich nach dem Kopf fassend. »Jetzt weiß ich, was es ist! Das kommt, weil Dich heute ein Pferd getreten hat! O mein Gott, mein Gott!«

Kaschtanka verstand nicht die Worte des Herrn, sah aber an seinem Gesicht, dass auch er etwas Fürchterliches erwartete. Er streckte seine Schnauze nach dem dunklen Fenster aus, in welches, wie ihm schien, jemand Fremdes hereinschaute, und begann zu heulen.

»Tante! Er stirbt ja!«, sagte der Herr, die Hände zusammenschlagend. »Ja, ja, er stirbt! Zu Euch in die Stube ist der Tod gekommen. Was tun wir nun?«

Der Herr kehrte bleich und aufgeregt, seufzend und kopfschüttelnd zu sich ins Zimmer zurück. Kaschtanka, der sich fürchtete im Dunkeln zu bleiben, folgte ihm. Der Herr setzte sich aufs Bett und wiederholte immer wieder:

»Mein Gott, was soll ich tun?«

Kaschtanka strich an seinen Beinen umher, ohne zu verstehen, warum er selbst und alle anderen so traurig und erregt waren, und suchte es aus den Bewegungen des Herrn zu erraten. Theodor, der sein Kissen sonst nur selten verließ, trat auch in das Schlafzimmer ein und begann sich ebenfalls an den Beinen des Herrn zu reiben. Er schüttelte mit dem Kopf, als wollte er aus demselben alle trüben Gedanken hinausschütteln, und blickte verdächtig unters Bett.

Der Herr nahm ein Tellerchen, goss in dasselbe aus der Waschkanne etwas Wasser und ging wieder zum Gänserich.

»Trink, Iwanow«, sagte er zärtlich, das Tellerchen vor ihm hinstellend. »Trink, mein Lieber.«

Aber Iwanow rührte sich nicht und öffnete nicht die Augen. Der Herr neigte seinen Kopf zum Teller und tunkte Iwanows Schnabel ins Wasser, aber der Gänserich trank nicht. Er breitete seine Flügel nur noch weiter aus, und sein Kopf blieb kraftlos auf dem Teller liegen.

»Nein, da ist nichts mehr zu machen!«, seufzte der Herr. »Alles ist aus. Der arme Iwanow ist tot …«

Und an seinen Wangen rieselten glänzende Tröpfchen herab, wie man sie beim Regen an den Fenstern sieht. Ohne die Bedeutung des Geschehenden zu begreifen, drängten Kaschtanka und Theodor sich an den Herrn heran und blickten voll Schrecken auf den Gänserich.

»Mein armer Iwanow!«, sprach der Herr, traurig seufzend. »Und ich hatte gehofft, Dich im Sommer mit in die Sommerfrische zu nehmen und mit Dir auf der grünen Wiese zu spazieren. Du liebes Tier, mein braver Kamerad, Du bist dahin! Wie werde ich denn jetzt ohne Dich auskommen?«

Kaschtanka glaubte, dass auch ihm dasselbe passieren würde, dass er plötzlich, wer weiß warum, seine Augen schließen, die Pfoten ausstrecken und sein Gebiss entblößen würde, und dass dann alle ihn mit Schrecken ansehen würden. Auch in dem Kopfe Theodors schienen ähnliche Gedanken zu hausen. Noch nie war der Kater so finster und trübsinnig gewesen, wie jetzt.

Der Morgen dämmerte, und jener unsichtbare Fremde, der Kaschtanka so erschreckt hatte, verließ das Zimmer. Als es ganz hell wurde, kam der Hausknecht, nahm den Gänserich bei den Füßen und trug ihn irgendwohin hinaus. Bald hernach kam die Aufwärterin und brachte den Trog weg.

Kaschtanka ging in den Salon und schaute hinter den Schrank: Der Herr hatte das Hühnerbein nicht aufgegessen, es lag noch an derselben Stelle, mit Staub und Spinngewebe bedeckt. Aber Kaschtanka war es trübe zu Mut, und er wollte weinen. Er roch nicht mal an dem Hühnerbein, sondern ging unter den Divan, legte sich dort hin und begann leise mit hoher Stimme zu heulen.

»U–U–U ...«

Ein misslungenes Debut

Eines schönen Abends trat der Herr in das Stübchen mit den schmutzigen Tapeten und sagte, sich die Hände reibend:

»Nun ...«

Er wollte noch etwas sagen, ließ es aber bleiben und ging wieder hinaus. Kaschtanka, der während der Stunden die Manieren und Mienen seines Lehrers gut ausgelernt hatte, erriet, dass er besorgt und, wie es schien, sogar böse war. Bald darauf kam der Herr wieder zurück und sagte:

»Heute nehme ich Tante und Theodor mit mir. In der ›Ägyptischen Pyramide‹ wirst du, Tante, die Stelle des seligen Herrn Iwanow einnehmen. Hol's der Teufel! Nichts ist fertig, nichts einstudiert, nur ein paar Proben! Wir werden uns blamieren, durchfallen!«

Dann ging er wieder hinaus und kam gleich darauf im Pelz und Zylinder zurück. Er trat an den Kater heran, ergriff ihn bei den Vorderpfoten, hob ihn auf und barg ihn auf der Brust unterm Pelz, wobei Theodor sehr gleichgültig schien und sich nicht mal die Mühe gab, die Augen zu öffnen. Ihm war es offenbar vollständig gleich, ob er lag, oder an den Pfoten in die Höhe gehoben wurde, ob er sich auf seinem Kissen rekelte, oder unterm Pelz an der Brust des Herrn ruhte ...

»Tante, komm!«, sagte der Herr.

Ohne etwas zu verstehen, folgte Kaschtanka mit dem Schwanze wedelnd. Einen Augenblick später saß er schon im Schlitten zu Füßen seines Herrn und hörte, wie dieser, vor Kälte und Aufregung fröstelnd, murmelte:

»Wir blamieren uns, fallen durch!«

Der Schlitten hielt vor einem großen, sonderbaren Hause, das einer umgestülpten Suppenterrine ähnlich sah. Die langgezogene Auffahrt zu diesem Hause mit drei Glastüren, war durch ein Dutzend Laternen hell erleuchtet. Die Türen öffneten sich klirrend und verschlangen wie Rachen die Menschen, die sich auf der Auffahrt drängten. Menschen gab es dort viel, oft liefen an das Haus auch Pferde heran, Hunde aber sah man gar keine.

Der Herr nahm Kaschtanka auf den Arm und schob ihn untern Pelz an die Brust, wo sich Theodor befand. Hier war es dunkel und stickig, aber warm. Für einen Augenblick leuchteten zwei grünliche Funken auf – es war der Kater, der, durch die kalten, harten Pfoten des Nachbars beunruhigt, die Augen öffnete. Kaschtanka leckte ihm ein Ohr und begann, in dem Wunsche, sich möglichst bequem zu platzieren, sich unruhig hin und her zu bewegen, wobei er den Kater unter den kalten Pfoten ganz zerdrückte. Während dieser Beschäftigung steckte er einmal den Kopf unversehens hinaus, begann aber sofort zu knurren und tauchte wieder in den Pelz zurück. Es war ihm, als hätte er ein riesiges, schlecht beleuchtetes Zimmer, das mit Menschen angefüllt war, gesehen. Aus den Abteilungen und Gittern, die längs der beiden Seiten des Zimmers liefen, schauten furchtbare Fratzen heraus: die einen sahen wie Pferdeköpfe aus, andere hatten Hörner, andere wieder lange Ohren. Ein Scheusal hatte eine dicke, riesige Fratze mit einem

Schwanz statt der Nase und mit zwei langen, abgenagten Knochen, die aus dem Rachen herausragten.

Der Kater miaute heiser unter Kaschtankas Pfoten, aber in diesem Augenblicke ging der Pelz auf, der Herr sagte »hop!« und Theodor und Kaschtanka sprangen auf den Boden hinab. Sie befanden sich in einem kleinen Zimmer mit grauen Bretterwänden. Außer einem Tisch mit Spiegel, einem Taburett und verschiedenem Lumpenzeug, das in den Ecken hing, gab es hier keine Möbel, und statt einer Lampe oder eines Lichts brannte eine helle fächerförmige Flamme, die an einer kleinen, in die Wand gesteckten Röhre befestigt war. Theodor leckte sein Fell, welches Kaschtanka zerknüllt hatte, ging unter das Taburett und legte sich hin. Der Herr, der sich noch immer aufgeregt die Hände rieb, begann sich zu entkleiden. Er zog sich aus, wie er sich gewöhnlich zu Hause auszuziehen pflegte, wenn er im Begriffe war, sich zu Bett, unter die wollene Decke zu legen. Er legte alles außer der Wäsche ab, setzte sich dann auf das Taburett und begann vor dem Spiegel ganz sonderbare Dinge mit sich vorzunehmen. Zuerst zog er sich eine Perücke über den Kopf, mit einem Scheitel und zwei Haarbüscheln, die wie Hörner aussahen, dann schmierte er sich das Gesicht mit irgend etwas Weißem dick ein und malte sich über der weißen Farbe noch Augenbrauen, Schnurrbart und rote Wangen. Damit war aber der Spaß noch nicht aus. Nachdem er sich Gesicht und Hals so besudelt hatte, begann er ein ganz sonderbares, unsinniges Kostüm anzuziehen, wie Kaschtanka ein solches früher nie, weder in den Häusern, noch auf den Straßen gesehen hatte.

Man stelle sich unglaublich weite Hosen vor, die aus einem großgeblümten Baumwollstoff gefertigt, wie er in kleinbürgerlichen Häusern zu Fenstervorhängen und zu Möbelbezug verwendet wird, Hosen, die ganz oben unter den Achseln zugeknöpft wurden; das eine Bein braun, das andere hellgelb. Nachdem er in diesem Kleidungsstück fast versunken war, zog der Herr sich noch eine baumwollene Jacke mit gezacktem Kragen und einem goldnen Stern auf dem Rücken an, verschiedenfarbene Strümpfe und grüne Schuhe …

Kaschtanka wurde es bunt vor den Augen und in der Seele. Von der weißgesichtigen, sackförmigen Figur roch es nach dem Herrn, auch die Stimme war die Stimme des Herrn, aber es gab dennoch Augenblicke, wo Kaschtanka von Zweifeln befallen wurde, und dann war er bereit, von dieser bunten Figur wegzulaufen und sie anzubellen. Der neue Ort, die fächerförmige Flamme, der Geruch, die Metamorphose, die mit dem Herrn geschehen war – alles das erzeugte in Kaschtanka eine unbestimmte Furcht und eine Ahnung, dass er sicher irgendetwas Fürchterlichem begegnen werde, wie dem dicken Scheusal mit dem Schwanz statt der Nase. Dazu spielte noch irgendwo in der Ferne hinter der Wand die verhasste Musik, und von Zeit zu Zeit ertönte ein rätselhaftes Gebrüll. Eines nur beruhigte Kaschtanka – die unerschütterliche Ruhe Theodors. Dieser schlummerte ruhig unter dem Taburett und öffnete nicht mal dann die Augen, wenn das Taburett sich bewegte.

Ein Mensch in Frack und weißer Weste sah ins Zimmer herein und sagte:

»Gleich wird Miss Arabella auftreten. Dann kommen Sie.«

Der Herr antwortete nichts. Er holte unter dem Tisch einen kleinen Koffer heraus, setzte sich und begann zu warten. An seinen Lippen und auch den Händen konnte man merken, dass er aufgeregt war, und Kaschtanka hörte, wie sein Atem bebte.

»Monsieur George, bitte!«, rief jemand hinter der Tür.

Der Herr stand auf und bekreuzte sich dreimal, dann holte er unter dem Taburett den Kater hervor und steckte ihn in den Koffer.

»Komm, Tante!«, sagte er leise.

Kaschtanka kam, ohne irgend etwas zu begreifen, zu seinen Händen heran. Der Herr küsste ihn auf den Kopf und tat ihn neben Theodor in den Koffer. Darauf trat völlige Dunkelheit ein … Kaschtanka trampelte auf dem Kater herum, kratzte an den Wänden des Koffers und konnte vor Schreck keinen Ton von sich geben, während der Koffer wie auf den Wellen schwankte und zitterte …

»Da bin ich ja!«, schrie der Herr laut auf. »Da bin ich ja!«

Kaschtanka fühlte, wie nach diesem Schrei der Koffer auf irgend etwas Hartes aufschlug und aufhörte zu schwanken. Ein lautes, volles Brüllen ertönte: Auf irgendjemand wurde dreingeschlagen, und dieser Irgendjemand, wahrscheinlich das Scheusal mit dem Schwanz anstatt der Nase, brüllte und lachte so laut, dass das Schlösschen am Koffer zitterte. Als Antwort auf das Gebrüll ertönte ein schrilles, durchdringendes Gelächter des Herrn, wie er zu Hause niemals lachte.

»Ha!«, rief er, bemüht, das Gebrüll zu überschreien. »Hochverehrtes Publikum! Ich komme eben vom Bahnhof! Meine Großmutter ist verreckt und hat mir eine Erbschaft hinterlassen! In dem Koffer ist etwas sehr schweres, wahrscheinlich Gold … Ha–a! Und wenn ich hier plötzlich eine Million finde! Wir wollen mal gleich aufmachen und nachsehen …«

Das Schloss am Koffer knackte. Grelles Licht schlug Kaschtanka in die Augen. Er sprang aus dem Koffer und begann, vom Gebrüll betäubt, in schnellem Lauf um seinen Herrn zu kreisen, wobei er ein schallendes Gebell ausstieß.

»Ha!«, schrie der Herr. – »Onkel Theodor! Verehrteste Tante! Dass euch der Teufel hole, meine lieben Verwandten!«

Er warf sich mit dem Bauch in den Sand, ergriff Kaschtanka und den Kater und begann sie zu umarmen. Während er ihn in seiner Umarmung fast erdrückte, warf Kaschtanka einen flüchtigen Blick auf jene Welt, in die ihn das Schicksal verschlagen hatte, und für einen Augenblick erstarrte er vor Staunen und Entzücken, von der Großartigkeit des Anblicks bewältigt. Dann machte er sich aus der Umarmung des Herrn los und begann, vor Intensivität des Eindrucks, sich auf einem Punkte wie ein Kreisel zu drehen. Die neue Welt war groß und voll hellen Lichtes. Wohin er auch blickte, überall, vom Boden bis zur Decke, sah er nichts als Gesichter, Gesichter und Gesichter.

»Tante, ich bitte Sie, Platz zu nehmen!«, rief der Herr.

Kaschtanka hatte noch nicht vergessen, was das zu

bedeuten habe, sprang auf den Stuhl und setzte sich. Er sah den Herrn an. Seine Augen blickten ernst und freundlich wie immer, das Gesicht aber und besonders der Mund und die Zähne waren durch ein breites, erstarrtes Lächeln entstellt. Er lachte, sprang, zuckte mit den Schultern und tat, als sei er durch die Anwesenheit der Tausende von Gesichtern hoch erfreut. Kaschtanka glaubte seiner Lustigkeit, empfand plötzlich mit seinem ganzen Körper, dass diese Tausende von Gesichtern ihn ansahen, hob sein Fuchsschnäuzchen in die Höhe und heulte lustig auf.

»Sie, Tante, bleiben etwas sitzen«, sagte der Herr, »während wir mit Onkelchen die Kamarinskaja tanzen wollen.«

Theodor stand in Erwartung des Augenblicks, wo man ihn zwingen würde, Dummheiten zu machen, da und blickte sich gleichgültig nach allen Seiten um. Er tanzte schlaff, lässig und finster, und man konnte es seinen Bewegungen, seinem Schwanz und dem Schnurrbart ansehen, dass er die Menge, das grelle Licht, den Herrn und sich selbst tief verachtete … Nachdem er seine Portion abgetanzt hatte, gähnte er und setzte sich.

»Nun, Tante«, sagte der Herr, »zuerst wollen wir mit Ihnen etwas singen, und dann tanzen wir mal. Gut?«

Er holte aus der Tasche eine Pfeife heraus und begann zu spielen. Kaschtanka, der keine Musik vertragen konnte, fing an, auf dem Stuhl unruhig hin und her zu rücken und zu heulen. Von allen Seiten ertönte Gebrüll und Beifallsklatschen. Der Herr verbeugte sich und fuhr fort, als alles sich beruhigt hatte, zu spielen … Während einer sehr hohen Note schrie irgendwo oben unter dem Publikum jemand auf.

»Vater!«, rief eine Kinderstimme. – »Das ist doch Kaschtanka!«

»Natürlich Kaschtanka!«, bestätigte ein etwas angeheiterter, zitternder Tenor. »Kaschtanka! Fedjuschka, straf mich Gott, das ist Kaschtanka! Fuit!«

Auf der Galerie pfiff jemand, und zwei Stimmen, eine männliche und eine Kinderstimme, riefen laut:

»Kaschtanka! Kaschtanka!«

Kaschtanka erbebte und schaute nach der Stelle hin, von wo aus gerufen wurde. Zwei Gesichter, das eine behaart, angetrunken und lächelnd, das andere dick, rotwangig und erschrocken, schlugen Kaschtanka in die Augen, wie es vordem das elektrische Licht getan hatte ... Er erinnerte sich plötzlich an etwas, fiel vom Stuhl hinunter und begann auf dem Sande zu zappeln; dann sprang er auf und stürzte freudig auf die Gesichter zu. Ein betäubendes Gebrüll erschallte, durchdrungen von Pfiffen und dem schrillen Ruf einer Kinderstimme:

»Kaschtanka! Kaschtanka!«

Kaschtanka sprang über die Barriere, dann über die Schulter irgendjemandes und befand sich in einer Loge. Um in den nächsten Rang zu gelangen, musste man über eine hohe Wand springen. Kaschtanka sprang, aber zu kurz, und rutschte längs der Wand zurück. Darauf ging er von Hand zu Hand, leckte irgendwelche Gesichter und Hände, kam immer höher und höher und gelangte endlich auf die Galerie ...

Eine halbe Stunde später lief Kaschtanka auf der Straße

hinter zwei Menschen her, die nach Leim und Lack rochen. Der Tischler Luka Alexandritsch schwankte und hielt sich instinktiv, durch Erfahrung belehrt, möglichst weit von der Straßenrinne weg.

»Im Pfuhle des Lasters gehe ich unter …«, murmelte er. »Und Du, Kaschtanka, bist ein Missverständnis. Im Vergleich zu uns Menschen bist Du so … so wie ein Zimmermann im Vergleich zum Tischler …«

Neben ihm schritt Fedjuschka einher, in der alten Mütze des Vaters. Kaschtanka blickte ihnen beiden auf den Rücken, und es war ihm, als ginge er schon lange hinter ihnen her, und als wäre sein Leben nicht einen Augenblick unterbrochen worden …

Er erinnerte sich an das Zimmerchen mit den schmutzigen Tapeten, den Gänserich, an Theodor, an die schönen Diners, die Stunden, den Zirkus, aber alles erschien ihm jetzt wie ein langer, wirrer, schwerer Traum.

Anton Kuh
Der Hund als Stammgast

Findlingsgeheimnis war um seinen kleinen Kopf; woher kam er; wohin zog es ihn? War ich für ihn Endziel oder Station? Die Ungewissheit lag wie schwarzer Schatten über unserer Beziehung. Zuerst von seiner Seite (wie bei ihr), er heulte zum Erbarmen, wenn ich ihn einen Augenblick im Stich ließ, sein Winseln sagte: »Schon wieder ... zurück ins Nichts!«, ich musste ihn auf die kleinsten Gänge mitnehmen. Später, wenn er mir auch nur für eine Stunde entwischte, war es umgekehrt; Vorwürfe bestürmten mein Herz: Warst du phantasievoll genug? Hast du seine Angst nicht zu leicht genommen? Botest du ihm, was er brauchte? ... Sein Kopf sah aus wie der eines süßen Wolfes. Darum nannte ich ihn, instinktlos, wie ich dem weiblichen Geschlecht gegenüber bin, Wolfi. Es schmeichelte ihm, und er überschätzte daraus sofort mein Verständnis. Doch als ich eines Tages, im Kriege, an einem offenen Fouragewagen mit ihm vorbeiging, auf dem Soldaten saßen, und einer von ihnen herunterrief: »Gretel! Gretel!« – da machte er einen stürmischen Satz nach dem Wagen hin, wollte hinaufspringen, überlegte sich's aber im Hinblick auf das neue, zahmere Glück an meiner Seite und lief mit mir. Also Gretel, dachte ich. Er hatte von Stund an bei mir Oberwasser ... Welche Stunde der Hysterie ich bei ihm durchmachte, wie Freunde meinen Umgang seinetwegen mieden, wie er tagelang mit dem Gedanken spielte, mich zu verlassen, und dann pudelnass, doppelt leidenschaftlich zu mir heimkehrte, das gehört auf ein anderes Blatt.

Meine Nerven hielten das tollkühne Spiel nicht lange aus; ich wurde schwächer, ging in ein steirisches Sanatorium. Den Hund übergab ist der Bedienerin meiner Pension, die Humor hatte und Mörderinnenaugen. Der Hund hasste sie, sie den Hund. Ich versprach ihr ungeheure Trinkgelder, schärfte ihr ein, vor allem keine Türen offenzulassen.

Ich muss hier bemerken, dass das Tier im Zusammenleben mit mir eine Untugend angenommen hatte: leidenschaftliche Vorliebe für Kaffeehausbesuch. Wenn ich zu ihm sagte: »Central!«, war es so, wie wenn ein anderer Hund das Wort »Wald« hört oder »Wiese«.

In einer Juninacht kam ich nach Wien zurück. Es war halb eins. Jetzt ist das Central noch offen, dachte ich, mach einen kleinen Umweg mit dem Wagen und schau, wer drin ist.

»Oh, wieder hier, Herr Kuh?«, sagte der Jean bei meinem Eintritt. »Grad war Ihr Hund da.«

»We – wer war da?«

»No, Ihner Hund!«

»Mein Hund? Mit wem?«

»Allein.«

»Wieso? ... Was heißt das?« (Sechs Wochen Erholung zerstäubten in meinem Gesicht zu Kreide.)

»Aber er kommt ja jeden Abend eini. So umma drei, halb vier ist es da, und um zwölf lauft er wieder weg.«
Drei bis zwölf – meine Kaffeehausstunden.
»Und was tut er hier?«
»Na nix, er bettelt die Leut an, setzt sich zu dem und zu dem – es g'fallt ihm recht gut!«
Meine Lebensweise!
Ich taumelte in den Wagen zurück. »Rasch – Löwengasse Nr. 8!«
Das ist kein kleiner Weg; er fährt kreuz und quer durch die engen Gassen der inneren Stadt, dann den belebteren Kai entlang, über den weiten Aspernplatz ... Autos sind da, Straßenbahnen, Wachleute ... o Himmel, was geschah mit meinem Hund? ...
Vor dem Haus Nr. 8. Ich läute. Die Hausbesorgerin erscheint, ich gebe ihr die obligaten zwanzig Heller.
»'tschuldigen, Herr Doktor, ich krieg noch einen Gulden ...«
»Einen Gulden? Wofür?«
»Na, glauben S', das Hund-Aufsperren ist umsonst?«
»Das Hund ...?«
»Na ja, jede Nacht setzt er sich um zwölfe vors Haustor und weint und treibt so lang, bis ich ihm aufmach, das Mistvieh ... Grad zuvor hab ich ihm wieder aufg'sperrt!«
Mein Hund war Literat geworden! Er hatte sich in meiner Abwesenheit selbstständig gemacht und gegen Zuckerstücke, Eiskaffee und Knochenreste Proben jener geselligen Grazie geboten, von der sein Herr solange den Unterhalt zu bestreiten hatte.
Vier Wochen später entlief er ins Unbekannte.

Elke Heidenreich
Hund

Als wir von einem längeren Einkauf zurückkommen, ist unser alter, müder, dicker Hund nicht mehr im Garten. Wir hatten ihn dort gelassen, weil das Wetter schön war und damit er Pipi machen konnte. Das Gartentor war abgeschlossen. Er musste drübergesprungen sein, trotz seines Alters und seiner Pfunde. Unsere Sorge war groß, wir schwärmten aus in verschiedene Richtungen, rufend, suchend, fragend.

Mascha war weg.

Dann wurden reihum die Tierheime angerufen. Beim dritten hatten wir Glück, eines, das wir eigentlich gar nicht anrufen wollten, es lag weit vor der Stadt. Ja, ein dicker brauner Hund sei eingeliefert worden, man habe ihn in der Linie 16 an der Endstation gefunden und von dort ins Tierheim gebracht. Die Linie 16 fuhr zwar in unserer Nähe vorbei, aber wie kam der Hund da hinein? Und die Endstation lag am anderen Ende der Stadt?

Ich fuhr sofort. Es war unsere Mascha. Müde lag sie da, erschöpft. Ich hatte inzwischen rekonstruiert, dass es ein sehr kurzes Gewitter gegeben hatte, sie fürchtete Gewitter, war wohl wirklich über den Gartenzaun gesprungen und so lange gelaufen, bis sie einen geschlossenen Raum fand, eben die Linie 16. Und der Fahrer der Bahn hatte sie dann wohl gefunden und ins Tierheim überwiesen.

»Der Hund kennt Sie nicht«, sagte die Frau vom Tierheim.

Ich heulte. »Doch, es ist unsere Mascha«, versicherte ich. Ob ich Papiere hätte? Hatte ich nicht, in der Eile.

»Dann können wir Ihnen den Hund nicht geben. Da könnte ja jeder kommen. Er kennt Sie nicht.«

»Er ist erschöpft!«, schniefte ich, »bitte!«

Der Pfleger beugte sich zu der Leiterin der Tierheims. »Gib der den Hund«, sagte er leise. »Wer heult denn freiwillig für so einen hässlichen fetten alten Köter? Das muss ihrer sein.«

Mascha und ich zogen ab. Ich spendete dem Tierheim reichlich, unser nächster Hund kam dann von dort. »Damit Sie ihn kennen, wenn er abhaut«, sagte ich.

Kurt Tucholsky
Traktat über den Hund, sowie über Lerm und Geräusch

Scherz

a) Das Tier

> Wie dem Hund, dem auf dem Wege vom Herzen zum Maule alles zum Gebell wird.
> *Alfred Polgar*

Der Hund ist ein von Flöhen bewohnter Organismus, der bellt (Leibniz). Dieser Definition wäre einiges hinzuzufügen.

Im Hund hat sich der bäuerische Eigentumstrieb des Menschen selbständig gemacht; der Hund ist ein monomaner Kapitalist. Er bewacht das Eigentum, das er nicht verwerten kann, um des Eigentums willen und behandelt das seines Herrn, als gebe es daneben nichts auf der Welt. Er ist auch treu um der Treue willen, ohne viel zu fragen, wem er eigentlich die Treue hält: eine Eigenschaft, die in manchen Ländern hoch geschätzt wird. Sie ist für den Betreuten recht bequem.

Einem Hund, der etwas bewacht, zuzusehen, kommt dem Erlebnis gleich, einen Urmenschen zu beobachten.

Er ist stets unsicher, unruhig und macht sich mit Lärm Mut – er greift an, weil ihn seine Angst nach vorn treibt.

Der Hund ist ein anachronistisches Wesen.

Der Hund lebt ständig im Dreißigjährigen Krieg. In jedem Briefträger wittert er den fahrenden Landsknecht, im Milchmann die schwedische Vorhut, im Freund, der uns besucht, den Gottseibeiuns. Er bewacht nicht nur den Hof seines Herrn, sondern auch den Weg, der daran vorbeiführt, und versteht niemals, dass die Leute, die dort gehen, neutral sind – diesen Begriff kennt er nicht. Seine Welt zerfällt in Freunde (seines Futternapfes) und in gefährliche Feinde. Undressierte Hunde leben noch im Urzustand der Erde.

Der Hund bellt immer.

Er bellt, wenn jemand kommt, sowie auch, wenn jemand geht – er bellt zwischendurch, und wenn er keinen Anlass hat, erbellt er sich einen. Er hört auch so bald nicht wieder auf, ja, es scheint, als besäßen die Hunde eine Bellblase, die man nur anzustechen braucht, damit sie sich entleere. Ein besserer Hund bellt seine vier, fünf Stunden täglich. (Weltrekord: Hund Peschke aus Königswusterhausen; bellte am 4. Oktober 1927 zweiundfünfzigtausendvierhundertachtundsiebzigmal in sechzehn Stunden. Als das vorbei war, sprach sein Herr: »Ich weiß gar nicht, was der Hund hat – er ist so still?«)

Wenn ein Hund sehr lange bellt, hört es sich an, als übergebe sich einer.

Ein Hund bellt, wenn er mit den Sinnen etwas wahrgenommen hat; daraufhin, weil ihn sein Bellen erschreckt und aufregt, und des Weiteren, weil sich das wahrgenommene Objekt um ihn kümmert, nicht um ihn kümmert oder davonläuft. Dieses Geschrei wird von vielen Leuten als Wachsamkeit ausgelegt; schon der französische Kynologe Hispa sagt: »Der Hund ist ein wachsames Tier, das mit seinem Gebell den Herrn nachts aufweckt, damit der aufsteht und ruft: ›Halt die Schnauze!‹« Da Hunde immer bellen, so dient ihr Gebrüll lediglich dazu, dass sich die Einbrecher vor ihrem Geschäft Gift besorgen und es dem Hundchen streuen.

Niemanden hasst der Hund so wie den Wolf; er erinnert ihn an seinen Verrat, sich dem Menschen verkauft zu haben – daher er dem Wolf seine Freiheit neidet, ihn hassend fürchtet und sich durch doppelten Verrat beim Menschen lieb Hund zu machen sucht.

Hunde blaffen mit Vorliebe schlecht gekleidete Menschen an, wie sie überhaupt die mindern Eigenschaften des Besitzers personifizieren. Nachts, wenn kein Fremder da ist, machen sie eine alte Familienfehde mit dem Mond aus. Der Mond, den das nächtliche Gebell auf der Erde stört, kehrt ihr darum seit Jahr und Tag sein blankes Hinterteil zu. Wir kommen nunmehr zu dem Tierhalter.

b) Der Tierhalter

Hundebesitzer sind die rücksichtslosesten Menschen auf der Welt.

Hier soll nicht einmal von jenen gesprochen werden, die ihrem Mistbatzen das Fressen aus Restaurationsschüsseln reichen; der Hund, frisch aus dem Popo einer

Hundedame entronnen, steckt seine feuchte Nase in deinen Teller... Aber auch sonst können Hundebesitzer zum Beispiel nicht begreifen, dass der Lärm, den ihr Liebling macht, andern Leuten nicht angenehm ist. Kein grünes Rasenstück, das er nicht verbellt.

Die Ausdehnung einer Lärmglocke, die ein bellender Hund seinen Nachbarn über den Kopf stülpt, beträgt etwa achtzehnhundert Kubikfuß; auf diese Entfernung hin hat alles an den Entzückungen, Anfällen und Aufregungen eines mittleren Hundes teilzunehmen. Es ist also unsre Pflicht, uns mit ihm zu erheben, sein Vormittagsgeschrei sowie sein Nachmittagsgebell mit ihm zu teilen, und nachts zu lauschen, wie er, wenn Nachtigallen fehlen, das Mondgesäß beschimpft.

Auf diese Weise sind Villen-Vororte großer Städte fast unbewohnbar geworden, weil sich jeder gegen jeden mit einer Bellmaschine gesichert hat, die angeblich gegen Einbrecher gut ist. Es muss danach angenommen werden, dass in Vororten niemals mehr eingebrochen werden kann. Wird aber.

Ich habe mich schon so an das Gebell gewöhnt, dass ich es hier, am Kap der Roten Grütze, sehr entbehre. Kunstschriftsteller Hasenclever hat sich jedoch erboten, jeden Morgen zum Frühstück zu kommen und ein Stündchen zu bellen.

Es ist nunmehr die Stelle des Aufsatzes gekommen, wo der Hundebesitzer seinem Flohtier über die Nase streicht, mit der jener die kleinen Hundewürstchen und den Urin der Verwandten aufrieht, und spricht: »Was schreiben sie denn da alles von dir! Jaa! Nicht wahr, du bellst nicht? – nein!« Und zu mir, fortfahrend: »Sie sind aber nerfeehs!«

Hätte einer im Zeitalter Ludwigs des Quecksilbernen bemerkt: »Nun wollen wir uns einmal alle jeden Morgen die Füße waschen!« – so hätte er sich mit einem hohen katholischen Heiligen entschuldigen müssen, sonst hätte er ihn verbrannt. Hätte er für frische Luft plädiert, für Hygiene der Säuglinge – er wäre genauso ausgelacht worden wie einer, der heute für Stille plädiert. Was Stille bedeutet, wissen sie noch nicht.

»Ich höre das gar nicht!«, sagen sie. Es ist nicht wahr; sie hören es doch. Davon wissen ihre Untergebenen zu sagen, die Lärm, Geratter, Wagenstöße, Klavierspiel und Hundegebell ausbaden müssen. »Was der Alte nur hat?«, sagen sie dann. Es ist der Lärm. Seine schlechte Laune ist der Lärm, der aus ihm herausbrodelt und der wieder ans Licht will; er hat ihn von den Ohren her nach innen gesogen; es hilft ihm aber nichts, er kommt wieder hochgegurgelt. Um es ›nicht zu hören‹, verbrauchen sie so viel unnötig vertane Kraft, die man besser anwenden könnte. Der Beweis dafür ist die Steigerung aller Lebenskräfte, wenn es einem gelingt, in das Reich der ungebrochenen Stille einzudringen; in den Bergen, im Luftballon über dem Meer, auf dem Segelboot, am windstillen Tag im Wald. Da lassen die Nervenstränge nach, da entspannt sich der Wille, da ruht der Mensch. In der vollkommenen Stille hört man die ganze Welt. Nur so ist wahre Erholung möglich; sie ist aber fast unerreichbar. Gegen diese wohltuende Wirkung der Stille auf den Intellekt gibt es nur ein einziges Gegenargument: das sind die Regierungsgebäude, die gewöhnlich in stillen Parks liegen.

Menschen, die sich lebende Hunde in Mietwohnungen halten, sollten mitsamt ihrem Köter aus der Wohnung gejagt werden.

Menschen, die einen Hund anbinden oder einsperren, verdienen, ihrerseits angebunden zu werden. Es ist das Äußerste an Quälerei, ein jagendes, laufendes und unruhiges Tier zu fesseln und in seiner Freiheit zu beschränken. Diese Leute haben gar keinen Hund – sie haben nur ein Stückchen Hund; der Rest ist unterdrückt und rächt sich mit flammendem Gebell.

Ich habe noch nie gesehen, dass Hundebesitzer mit Erfolg ihren Hunden, wenn sie unnütz kläffen, zu schweigen befehlen. Weil jene stumpfohrig sind, hören sie das Gebelfer nicht und bürden nun andern die Plage auf.

Dafür haben Hundebesitzer den Tick, als ›bessere Menschen‹ durchs Leben zu gehen. Sie haben erfunden, dass es ein Zeichen von Seele sei, Hunde zu lieben, ihren schmutzigen Geruch zu ertragen, ihr lästiges Geschrei mitanzuhören. Ihre Persönlichkeit kriecht in den Hund, wo sie den Kampf ums Dasein noch einmal mitkämpft: »Mein Hund läuft aber schneller als Ihrer!« Das ist ein großer Sieg.

Etwas gegen den Hund zu sagen heißt für viele, am Heiligsten zu rühren, das der Mensch hat. Die Hundenarren sind häufig ganz erbarmungslose Menschen; Leute, die einen Kommunisten vor ihrer Tür verbluten ließen, nicht eine Mark für entlassene Gefangene geben, überhaupt nichts Gutes tun – ihren Hund lieben sie mit jener stummen Aggressivität, die das beste Zeichen eines hohlen Affekts ist. Der Hund ist ihnen nicht nur Schutz, sondern auch Selbstbestätigung.

Nie legt ein Hundebesitzer in das Tun der Menschen a priori so viel Gutes wie in den Blick seines Hundes. Wenn ihn der ansieht, zerschmilzt er vor Lyrik. Ein Bettler wird ihn vergebens so ansehen. Der sentimentalitätstriefende Blick jenes aber heischt mit Erfolg verschmiertes Mitleid.

So ist der treue Hund so recht ein Ausdruck für die menschliche Seele. Allerseits geschätzt; nur selten in der Jugend ersäuft; gehalten, weil sich der Nachbar einen hält, von feineren Herrschaften auch als Schimpfwort benutzt – so bellt er sich durchs Leben. Und ich will nicht länger murren, wenn es kaum noch einen Fleck gibt, den er nicht verunreinigt: mit Unrat, nassem Geruch und mit nimmer endendem Lärm. Seiner Gnade ist unsre Ruhe ausgeliefert.

Eine fortgeschrittene Zivilisation wird ihn als barbarisch abschaffen.

Satire

Die Wahrheiten müssen Akrobaten werden, damit wir sie erkennen.
O. W.

»Über Lerm und Geräusch.« So schrieb Schopenhauer: ›Lerm‹ – mit einem E; plattköpfig und stumpf kroch das um ihn herum, was er, außer Hegeln, am meisten hasste. Den Lärmempfindlichen hat er Komplimente gemacht, die wir bescheiden ablehnen...

Da habe ich über die Hunde traktiert, eigentlich mehr über das nervenabtötende Gebell dieser Tiere, und man muss schon das Vaterland, das teure, und was an Generalen, Zeitungen und deutschen Männern drum und dran hängt, beleidigen, um einen solchen Lerm zu erleben. Die Aufregung, die aus Prag herüberkam, kann ich mir nur so erklären, dass Schwejk dort mit herrlich gefälschten Hunden gehandelt hat; was ich daselbst gedruckt zu hören bekommen habe, war allerdings freundlich und ging noch an. Aber die Briefe, die die Hundefreunde geschrieben haben, die kann man nicht erfinden. »Ich bin noch nie von einem Hund verbellt worden – der Hund bellt nur schlechtgekleidete Sujets an« und: »Wollte mal fragen, ob Sie keine Würstchen unter sich lassen – erfinden Sie doch mal einen Nachttopf für Hunde!«, und ein ›Reichsbund zur Wahrung der Hundebelange‹ schloss seinen Brief: »Wir zeichnen, weil es so üblich ist, mit Hochachtung« – da haben wir Glück gehabt, und so in infinitum zur Morgen- und zur Abendsuppe. Wenn ich ein Hund wäre: Solche Freunde möchte ich nicht haben.

Abgesehen von der triefäugigen Sentimentalität, die alle Vorwürfe akkordiert, wenn sie gegen menschliche Säuglinge gerichtet sind, die ohne Grund brüllten, sich einmachten und überhaupt, im Gegensatz zu den süßen Hündlein, abscheulich seien – abgesehen von der göttlichen Liebe, die sich da verklemmt hat: Ich habe keine leichte Zeit hinter mir. Wilhelm Speyer, der etwas von

Tieren versteht, hat mir in mein hochfein möbliertes Haus geschrieben, ich sei wohl vom wilden Strindberg gebissen – ein Mann in meinen Jahren! Kurz: Keiner der obbezeichneten Hunde möchte hinfürder noch ein Stück Brot von mir nehmen, wenn er eins bekäme. Lasset uns beten. Und ernsthaft untersuchen, was es denn da gegeben hat.

Durch nichts, aber auch durch nichts kann man Menschen so aus dem Häuschen bringen als dadurch, dass man ihnen verbietet, gewohnten Lärm zu machen. Du kannst eine Monarchie durch eine gleich minderwertige Republik ablösen – darüber lässt sich reden. Aber der Lärm ist geheiligt.

Der Städter ist ein armes Luder.

Zu essen bekommt er, was ihm die Händler geben, es wird nicht sauberer durch die Hände, die es passiert; vom Grund und Boden weiß er nur, dass er den andern, immer den andern gehört, und widerstandslos erduldet er die satanische Komik von Grundstücksspekulanten, die mit der Haut der Erde handeln, unter die man sie – sechs Fuß tief – herunterlässt, wenn alles vorbei ist, und in deren wahre Tiefen niemand dringt; unfrei ist der Städter, gebunden an Händen, Füßen, Valuta, Schullesebuch und Vaterland. Aber eine Freiheit hat er, nimmt er sich, missbraucht er – einmal besauft sich der Sklave und spielt torkelnd den Herrn. Er macht Radau.

Dass einer eng am andern wohnt, weiß der eine; dass man nicht Feuer im Hof anzünden, nicht nachts in einer Wohnung, dem überzahlten castle, Pferde zureiten darf; dass man nicht aus dem Fenster schießt: Das hat sich allmählich herumgesprochen. Belästigungen durch Rauch, durch Geschosse, durch Rohr- und Drahtleitungen, ja, durch Aufstellung von Reklametafeln sind Gegenstand braver bürgerlicher Prozesse.

Lärm aber darf gemacht werden.

Die Hundefreunde, denen man untersagt, ihren Köter zu quälen, ihn einzusperren, ihn stundenlang bellen zu lassen, fühlen sich im Heiligsten getroffen: in ihrer, verzeihen Sie das harte Wort, Freiheit.

Hat der Parzellenmensch eine Prärie um sich? Er ist in Schubladen wohnend untergebracht und richtet sich auch in allem danach – nur das Ohr des Schubladennachbarn ist Freigut; die Gehörsphäre braucht nicht geschont zu werden. Alles, was an Einfluss auf Krieg und Frieden, auf Verwendung der Steuern nicht vorhanden ist, tobt sich im Hause aus. Darin nähern sich besonders Frauen dem Urzustand der Primitiven.

Als ich das letzte Mal in Berlin wohnte, da rollte jeden Morgen eine Stunde lang eine reitende Artillerie-Brigade über die Decke dahin: eine deutsche Hausfrau (e. V.) ackerte dort ihr Schlafzimmer, anders war der Lärm nicht zu erklären.

Nun sind aber die Lebensgewohnheiten im bürgerlichen Haushalt keinem Wechsel der Geschichte unterworfen; »der bürgerliche Haushalt wird nur deshalb betrieben, damit der archäologische Forscher dort noch heute die Arbeitsmethoden der Steinzeit studieren kann« (Sir Galahad). Hier eingreifen stößt auf Mord. Keine Zeitung, die es wagen könnte, in diesen Muff eine wettersichere Grubenlampe hinunterzulassen – das Geschrei von Hausfrauen, klavierübenden und gesangsheulenden Damen beiderlei Geschlechts, von organisierten Tierfreunden und reinmachewahnsinnigen Besessenen dampfte ihr entgegen. In meiner Wohnung kann ich machen, was ich will – das wäre ja gelacht.

Es ist zum Weinen.

Denn da und nur da sind die Wurzeln ihrer Kraft. Das ändere du mal. Da zeig mal, was du kannst. Sie machen sich das Leben schwer, den andern zur Hölle – und sie sind so stolz darauf! Die Reinmachenden machen nicht rein: sie unterliegen gewissen Zwangsvorstellungen einen Hausgott ehrend, der unerhörte Opfer verlangt – mit Sauberkeit hat das wenig zu tun. Es ist Recht, Pflicht und göttliches Gebot, dem Nachbarn den Teppichstaub in den Suppentopf zu schlagen; wie Kanonenschläge hallt das durch die steilen Steinhöfe. Ordnung muss sein. Der schwarze Hals des Lautsprechers gurgelt im schweren Übelsein heraus, was er zu viel an Lärm gefressen hat – dazu öffnet man füglich die Fenster, damit der Nachbar auch etwas davon habe, und wenn Ihnen det nich passt, denn missen Se ehm inne Wieste ziehn.

Aber das wird nicht gut auslaufen. Denn in der Wüste steht das Zelt des Forschungsreisenden Karbumke, und der hat einen Hund. Und der Hund steht, am Zeltpflock angebunden, und bellt alles an, was sich ringsum bewegt. Es soll sich, außer seinen Flöhen, nichts bewegen.

Bleiben wir im Lande und nähren wir uns redlich, die Ohren mit Wachs verklebt wie die Gefährten des Odysseus, die die Musik-Etüden des Sirenen-Konservatoriums nicht hören sollten. Schrei: »Ruhe!« Eine Flut von Schimpfworten, Geheul, Rufen, eine Wolke von geschwungenen Federbesen, eine Welle von Papierfetzen, alten Pappdeckeln, Holzstücken und Müllwasser rauscht auf. Ich weiß, wo sie verletzlich sind. Es juckt, sie da anzufassen. Da, in der Abwehr, auch da, wo sie recht haben, zum Beispiel in der Beurteilung ihrer Hunde, sind sie ganz sie selbst. Die Haut reißen sie sich herunter, so nackt sind sie da. Und keine Zeitung, keine Broschüre, kein Buch kann sie in diesem Punkt ändern. In der Stickluft dieser ungelüfteten Treibhäuser gedeihen die Mikroben der Religion, des Berufskostüms und des Vaterlandes.

Und zu wissen, dass man dazugehört und einer von ihnen und dass da kein Grund ist zu überheblichem Mitleid, dass das Spiel mitzuspielen ist, Gleicher unter Gleichen, und dass man helfen soll und lieben. Denn manchmal weinen sie und paaren sich seufzend und lallen mit ihren Kindern und sind selber welche und machen mancherlei Lerm und Geräusch.

Ironie und tiefere Bedeutung

Der Schlaf kommt nicht, will nicht kommen. Unweit im Hundezwinger fangen die Jüngsten von ihnen ihr ohrenbetäubendes Jaulen und Winseln an. O Schrecken, das geht die ganze Nacht hindurch. Aus den Zellen brüllt es – brüllt Ruhe und flucht – und es geschieht nichts – es bringt nur wieder die schlaflose Nacht, dieses Bewusstsein der Gefangenschaft.
Schilderung eines Gefangenen

Hätte Goethe die Hunde geliebt, so wäre der Spektakel, den ich da heraufbeschworen habe, noch größer geworden, wenn er hätte größer sein können.

Goethe aber liebte die Hunde nicht. Warten Sie …

Johannes Falk: *Goethe aus näherem persönlichem Umgange dargestellt*. Kapitel iv. Goethes wissenschaftliche Ansichten. Gespräch über Monaden.

»An eine Vernichtung ist gar nicht zu denken; aber von irgendeiner mächtigen und dabei gemeinen Monas unterwegs angehalten und ihr untergeordnet zu werden, diese Gefahr hat allerdings etwas Bedenkliches, und die Furcht davor wüsste ich auf dem Wege einer bloßen Naturbetrachtung meinesteils nicht ganz zu beseitigen.«

Indem ließ sich ein Hund auf der Straße mit seinem Gebell zu wiederholten Malen vernehmen. Goethe, der von Natur eine Antipathie wider alle Hunde besaß, fuhr mit Heftigkeit ans Fenster und rief ihm entgegen:

»Stelle dich, wie du willst, Larve, mich sollst du doch nicht unterkriegen!« Höchst befremdend für den, der den Zusammenhang Goethescher Ideen nicht kennt; für den aber, der damit bekannt ist, ein humoristischer Einfall, der eben am rechten Orte war!

»Dies niedrige Weltgesindel«, nahm er nach einer Pause und etwas beruhigter wieder das Wort, »pflegt sich über die Maßen breitzumachen; es ist ein wahres Monadenpack, womit wir in diesem Planetenwinkel zusammengeraten sind, und möchte wenig Ehre von dieser Gesellschaft, wenn sie auf andern Planeten davon hörten, für uns zu erwarten sein.«

Und:

Riemer: *Mitteilungen*.
»Einem anderen Befremden ist auch noch zu begegnen: wie Goethe die Hunde nicht habe leiden können.
Da der Hund eine solche allgemeine Protektion der Menschen genießt, dass gegen die Verwendung und das Halten desselben von Zeit zu Zeit sogar polizeiliche Verordnungen erlassen werden müssen, so will es vielen nicht eingehen, dass ein Naturforscher wie Goethe, der über komparierte Anatomie gedacht und geschrieben, eine solche Aversion vor den Hunden könne gehabt haben, wie andere kaum vor Spinnen und Kröten, wogegen die Natur selbst dem Menschen eine Abscheu eingeflößt zu haben scheine; dass er also einen gleichsam aristokratischen Hass auf sie, als auf die mit Recht so genannte Kanaille, geworfen, und darüber fast mit einem mächtigeren zerfallen.
Zuvörderst ist der soupçonnierte und zur Tradition, besonders durch Falks fabelhafte Anekdote, gewordene Hundeabscheu nicht von der Ausdehnung, die man annimmt, noch irgendeiner anderen Bedeutung, als dass Goethe eben kein besonderes Vergnügen an dieser Tiergattung finden konnte.
Zwar spricht er seine Abneigung im Allgemeinen gegen sie in seinem Gedichte aus; doch ist es besonders nur ihr Gebell, das kläffend sein Ohr zerreißt.«
Und:
»Wundern kann es mich nicht, dass Menschen Hunde so lieben. Denn ein erbärmlicher Schuft ist wie der Mensch so der Hund.«
So weit Goethe.

Mit dem Lärm und Geräusch aber ist es so:
Geräusch anhören ist: an fremdem Leben teilnehmen.
Ein guter Diagnostiker hat ›empfindliche‹ Hände – sie
fühlten sonst nämlich nichts. Ein Gehirnmensch hat ein
›empfindliches‹ Gehirn – es könnte sonst nicht denken
und nicht produzieren.

Nun stören Kollektivgeräusche kaum; mit Recht gewöhnt man sich daran, dass die Straße wie ein Meer erbraust, dass die Bahnen fahren, dass die Stadt jenes brodelnde Geräusch von sich gibt, das da ihr Leben anzeigt. Aber das freche Einzelgeräusch nadelt das Ohr, weil Teilnahme des fremden Lebensrhythmus erzwungen wird. Ein Übermütiger hupt fünfzehn Minuten vor einem Haus – ich warte mit ihm. Fräulein Lieschen Wendriner ›übt‹ etwas, was sie nie lernen wird: nämlich Klavier spielen – ich übe mit. Ein Hund bellt, er schlägt einmal an – das Ohr hört es nicht. Aber wenn der angebundene, eingesperrte, unzufriedene Hund stunden- und stundenlang bellt…

Der Hund setzt an. Irgendetwas hat seine Aufmerksamkeit erregt. Er teilt das mit. Und schweigt nun nicht mehr; für ihn freilich hat das Gebell einen Sinn, für den zu bewachenden Herrn hat es kaum einen, für uns gar keinen. Er bellt und bellt. Alles, was nun geschieht, spielt sich vor dem Hintergrund dieses unablässig bohrenden Lautes ab, er bellt Primen, das Aas, von dem einmal angeschlagenen Ton geht er nicht mehr herunter; schließlich kann niemand verlangen, dass er wie eine Nachtigall singt. Er bellt und bellt. Nun hört er auf – wie dankbar bist du für diese Stille, sei gesegnet, Stille! Wie nach einem Schiffbruch sinkst du zerschlagen am Strand der Stille nieder, so klein, so glücklich, so unendlich dankbar ... Und dann zerreißt er sie wieder und wieder, nun ist es doppelt schmerzlich, gedemütigt ist man durch so viel Krach, ein Spielball dieser albernen Laune, dieser falschen Wachsamkeit, dieser Angst, diesem Anzeiger des übersteigerten Eigentumbegriffes. Gute Nacht, stille Stunde –!

»Ausschlaggebend ist aber das Bellen des Hundes: die absolut verneinende Ausdrucksbewegung. Sie beweist, dass der Hund ein Symbol des Verbrechens ist. Goethe hat dies, wenn es ihm vielleicht auch nicht ganz klar geworden ist, doch sehr deutlich empfunden. Der Teufel wählt bei ihm den Leib eines Hundes. Während Faust im Evangelium laut liest, bellt der Hund immer heftiger: der Hass gegen Christus, gegen das Gute und Wahre.« Und: »Interessant ist es, wen der Hund anbellt: es sind im Allgemeinen gute Menschen, die er anbellt, gemeine, hündische Naturen nicht.« Aber das hat einer gesagt, der schon mit zweiundzwanzig Jahren nicht mehr wollte, so nicht mehr wollte: Otto Weininger.

Ein Kettenhund oder ein Hund im Zwinger ist etwas so Naturwidriges wie ein Ziehhund oder eine dressierte Varietékatze. Aber das stundenlange, nicht ablassende, immer auf einen Ton gestellte Gebell – das ist bitter. Es zerhackt die Zeit. Es ist wie eine unablässig schlagende Uhr: Wieder ist eine Sekunde herum, du musst sterben, erhebe dich ja nicht in irgendwelche Höhen, bleibe mit den Sohlen auf der Erde, sterben musst du, du bist aus demselben Staub wie ich Hund, du gehörst zu uns, zu mir, zur Erde, bau-wau-hau!

Und dann sieh hinaus und betrachte dir den da. Wen er anbellt. Was ihm nicht passt. Wie er's nicht will. Der Wagen soll nicht fahren. Das Pferd soll nicht laufen. Das Kind soll nicht rufen. Er hat Angst, und darum ist er frech. Er ist auch noch da, will er dir mitteilen. Du willst es gar nicht wissen? Dann teilt er dir's nochmal mit. Er schaltet sich in alle Vorgänge ein; er spektakelt, wenn er allein ist, weil er allein ist, und wenn Leute da sind, weil Leute da sind; er muss sich bellen hören, um an sich zu glauben. Er bewacht, was gestohlen ist, verteidigt den, der gemordet hat, er ist treu um der Treue willen und weil er Futter bekommt. Sie sind so simpel und machen so viel Lärm. Im Grunde um nichts.

Was wächst nicht alles in der Ruhe! Was kommt nicht alles zur Blüte in der Ruhe! Alexander von Villers sagt's in den *Briefen eines Unbekannten*: »Ich liege im Bett und spüre die zitternde Sukzession der Sekunden...« Stille. Ich sehne mich nach Stille. Schweigen heißt ja nicht: stumm sein.

Schriebe ich aber dasselbe von einem Motorzweirad, wenn es so pufft und knallt und rattert – da wären sie alle einer Meinung (die keins besitzen). Was dem einen sein Motor, ist dem andern sein Hund – aber mir will es widersinnig erscheinen, in der ohnehin lärmenden Stadt Wagen herumzufahren, von Hunden bewacht, die stunden- und stundenlang die Leute, die andern Wagen und sich selbst ankläffen; es will mir hündisch erscheinen, die Vororte der großen Städte, die Stadtwohnungen selbst und das stille Land durch einen Lärm zu verpesten, der unnötig ist.

Denn in Wahrheit ist es der Hundebesitzer, der allen Tadel verdient, nicht das Tier, das ja nicht zu seinem Vergnügen bellt, sondern das so oft gequält wird. Niemand hat das Recht, aus Gedankenfaulheit Tier und Mensch so zu peinigen, wie der es tut, der nicht mit Hunden umzugehen versteht, also die Mehrzahl derer, die einen Hund besitzen.

Man muss das erstaunte Gesicht eines Hundebesitzers sehen, wenn ihm einer sagt, er könne des Gebells wegen nicht schlafen. Wie? Nicht schlafen? Ja, was geht denn das den Hund an? Meinen Hund? Mein Hund sollte nicht bellen dürfen… na, das wollen wir ja mal… so ein schönes, gutes, ordentliches Gebell, das die Einbrecher abschreckt…! Schlafen will der –! Hö. Und das Erstaunen wird sehr bald zur Feindschaft; sie fassen es einfach nicht, dass ihnen der Luftraum eben nicht gehört, und dass wir zu eng aneinanderwohnen, als dass wir uns durch überflüssige Liebhabereien belästigen dürften. Niemand hat ein solches Recht, und gegen Rücksichtslosigkeit dieser Gattung ist jede Gegenwehr erlaubt. Denn sie sind auch moralisch im Unrecht.

Wer hat das Tier lieber: der es zu stark egoistischen Zwecken hält, nämlich um sich als Herr zu fühlen, ohne der Eigenart des Tieres entgegenzukommen, die darin besteht, dass es laufen, jagen, springen, sich schnell bewegen will; der Schuft, der es anbindet und der die erschütternden Sätze Schopenhauers über diese gemeine Tierquälerei lesen sollte, sie aber nicht begreifen wird; warum soll er auch ein lebendiges Wesen nicht zu lebenslänglicher Hundehütte verdonnern?

Oder hat der das Tier lieber, der ihm die größtmögliche Freiheit wünscht, ohne im Übrigen von ihm belästigt werden zu wollen?

Was aber ein regelmäßiges, stumpfes, sinnloses und sich stundenlang wiederholendes Geräusch angeht, so müssen die Gehirne wohl verschieden gebaut sein. Ich denke mir die Hölle so, dass ich unter der Aufsicht eines preußischen Landgerichtsdirektors, der nachts von einem Reichswehrhauptmann abgelöst wird, in einem Kessel koche – vor dem sitzt einer und liest mir alte Leitartikel vor. Neben dieser Vorrichtung aber steht ein Hundezwinger, darin stehen, liegen, jaulen, brüllen, bellen und heulen zweiundvierzig Hunde. Ab und zu kommt Besuch aus dem Himmel und sieht mitleidig nach, ob ich noch da bin – das stärkt des frommen Besuchers Verdauung. Und die Hunde bellen...!

Lieber Gott, gib mir den Himmel der Geräuschlosigkeit. Unruhe produziere ich allein. Gib mir die Ruhe, die Lautlosigkeit und die Stille. Amen.

Nachweis

Beer-Hofmann, Richard: *Alcidor*. Aus: Beer-Hofmann, Richard: *Paula. Ein Fragment*. S. Fischer Verlag, Frankfurt a. M. 1949.

Emanuel, Walter: *Ein Hundetag oder Der Engel des Hauses*. Aus dem Englischen von Lena Riebl. Aus: Emanuel, Walter: *A Dog Day or The Angel in the House*. William Heinemann Ltd., London 1902. Copyright für die deutsche Übersetzung © 2023 by Dörlemann Verlag AG, Zürich.

Fallada, Hans: *Gigi und Lumpi*. Aus: Fallada, Hans: *Märchen und Geschichten*. Aufbau Verlag, Berlin und Weimar 1985.

Heidenreich, Elke: *Hund*. Aus: Heidenreich, Elke: *Alles kein Zufall. Kurze Geschichten*. Copyright © 2016 by Carl Hanser Verlag, München.

Heidenreich, Elke: *Nurejews Hund*. Aus: Heidenreich, Elke: *Nurejews Hund oder Was Sehnsucht vermag*. Copyright © 2005 by Carl Hanser Verlag, München.

Kuh, Anton: *Der Hund als Stammgast*. Aus: Kuh, Anton: *Luftlinien. Feuilletons, Essays und Publizistik*. Löcker Verlag, Wien 1981.

Maeterlinck, Maurice: *Über den Tod eines kleinen Hundes* (Titel vom Hrsg.). Aus: Maeterlinck, Maurice: *Der doppelte Garten*. Aus dem Französischen von Friedrich von Oppeln-Bronikowski. Eugen Diederichs Verlag, Jena und Leipzig 1904.

Mühsam, Erich: *Tante Paula*. Aus: Mühsam, Erich: *Ausgewählte Werke*. Volk und Welt, Berlin 1978.

Tschechow, Anton: *Kaschtanka*. Aus: Tschechow, Anton: *Meistererzählungen*. Aus dem Russischen von Reinhold Trautmann. Dieterich'sche Verlagsbuchhandlung, Leipzig 1953.

Tucholsky, Kurt: *Traktat über den Hund, sowie über Lerm und Geräusch*. Aus: *Das Tucholsky Lesebuch*. Diogenes Verlag, Zürich 2007.

Von Arnim, Elizabeth: *Alle meine Hunde* (Titel vom Hrsg.). Aus dem Englischen von Karin von Schab. Aus: Von Arnim, Elizabeth: *Alle meine Hunde*. S. Fischer Verlag, Frankfurt a. M. 1937.

Widmann, Joseph Victor: *Gletschertour mit Hund* (Titel vom Hrsg.). Aus: *Spaziergänge in den Alpen*. Verlag von J. Huber, Frauenfeld 1896.

Winsloe, Christa: *Bitte nicht stören!* (Titel vom Hrsg.). Aus: Winsloe, Christa: *Der Querschnitt*. Propyläen Verlag, Berlin 1928.

Woolf, Virginia: *Flush*. Auszug aus dem gleichnamigen Buch, zuerst erschienen 1933 in der Hogarth Press, London. Aus dem Englischen von Barbara Schaden. Copyright für die deutsche Übersetzung © 2024 by Kampa Verlag AG, Zürich.

ATLANTIS VERLAG

Cécile Aubry
Belle und Sébastien

Roman

Aus dem Französischen von
Heidemarie Blasy

Die Geschichte einer einzigartigen Freundschaft vor der atemberaubenden Kulisse der französischen Alpen.

Sébastien, ein Waisenjunge, wächst inmitten der französischen Alpen beim alten César auf, gemeinsam mit dessen Enkelkindern Angelina und Jean. Als Sébastien sechs Jahre alt ist, begegnet er auf einem seiner Streifzüge durch die Berge einem großen weißen Hund. Die menschenscheue, wunderschöne Pyrenäenberghündin wurde vernachlässigt, von einem Besitzer an den nächsten weitergereicht und ist schließlich aus ihrem Zwinger ausgebrochen. Sébastien gibt ihr den Namen Belle und ist fest entschlossen, die Hündin vor den Dorfbewohnern zu beschützen, denn die sind der Überzeugung, dass Belle gefährlich sei. Das Ringen eines kleinen Jungen mit einer ganzen Dorfgemeinschaft beginnt – und das Abenteuer zweier unzertrennlicher Freunde.

»Wie gut, dass dieser Roman durch die neue
Herausgabe nicht in Vergessenheit gerät.«
Karl-Heinz Behr / Welt des Kindes

ATLANTIS VERLAG

Cécile Aubry
Belle und Sébastien

Roman

Aus dem Französischen von
Heidemarie Blasy

Die Geschichte einer einzigartigen Freundschaft vor der atemberaubenden Kulisse der französischen Alpen.

Sébastien, ein Waisenjunge, wächst inmitten der französischen Alpen beim alten César auf, gemeinsam mit dessen Enkelkindern Angelina und Jean. Als Sébastien sechs Jahre alt ist, begegnet er auf einem seiner Streifzüge durch die Berge einem großen weißen Hund. Die menschenscheue, wunderschöne Pyrenäenberghündin wurde vernachlässigt, von einem Besitzer an den nächsten weitergereicht und ist schließlich aus ihrem Zwinger ausgebrochen. Sébastien gibt ihr den Namen Belle und ist fest entschlossen, die Hündin vor den Dorfbewohnern zu beschützen, denn die sind der Überzeugung, dass Belle gefährlich sei. Das Ringen eines kleinen Jungen mit einer ganzen Dorfgemeinschaft beginnt – und das Abenteuer zweier unzertrennlicher Freunde.

»Wie gut, dass dieser Roman durch die neue
Herausgabe nicht in Vergessenheit gerät.«
Karl-Heinz Behr / Welt des Kindes